2017年度北京市教育科学"十三五"规划重点课题
"幼儿园教师专业胜任力的诊断标准与发展模型研究"
（项目编号：AAFA17016）的阶段性研究成果

Approaches to Learning

高瞻课程的理论与实践
—— HighScope ——

霍力岩　主编

李金　刘祎玮　何淼　副主编

学习品质：

关键发展指标与支持性教学策略

[美] ▎安·S. 爱泼斯坦（Ann S. Epstein）▎著

霍力岩　李　金　刘　璐　刘睿文　李冰伊　译

李冰伊　刘睿文　审校

教育科学出版社
·北　京·

丛书译者前言

支架儿童在活动过程中
表现出高度热情和广泛兴趣
——走近高瞻课程模式的理论与实践

高瞻课程模式（HighScope Curriculum）在我国曾被译为"高宽课程""海伊斯科普课程"等。它诞生于 20 世纪 60 年代的美国，历经半个多世纪的建构、解构与重构，已经成为当今世界学前教育领域举足轻重的幼儿园课程模式。可以这样认为，高瞻课程模式是以公立幼儿园儿童为主要对象，以支持儿童学会主动学习（active learning）为基本价值取向和主要教育目标，以为儿童提供支持性学习环境为基本资源依托和主要教育条件，以助力儿童在一日生活环流程（daily routine）和计划—工作—回顾（Plan-Do-Review）的活动中持续学习为基本实施思路和主要教育过程，以系列关键发展指标（Key Developmental Indicators, KDIs）及其水平层级为基本进阶指引和主要教育内容，以支架儿童在活动过程中对周围的自然与社会产生高度的热情（high aspirations）和广泛的兴趣（a broad scope of interest）为基本评价框架和主要教育效益，以帮助教师通过主动学习胜任专业岗位和持续岗位进阶为基本启动范式和持续质量保障的一种幼儿园课程模式。在当今建设高质量学前教育体系并持续推进"幼有所育""幼有善育"的形势下，在当今建构高质量幼儿园教育评估体系并持续推进"科学评估""以评促建"的形势下，相信高瞻课程模式会为我们思考在新时代里"培养什么人""为谁培养人""怎样培养人"的问题，思考落实"立德树人"根本任务并"为培养德智体美劳全面发展的社会主义建设者和接班人奠定坚实基础"的问题，思考幼儿园课程开发中的课程目标定位、课程条件保障、课程过程展开和课程效果评估等"立柱架梁"的问题，思考幼儿园教师培养培训的"岗位胜任力"和"内生学习力"以及培养培训方案中的"反向设计、正向施工"的问题，思考幼儿园保育教育质量评估并建设适合新时代中国幼儿园保育教育质量评估模式的问题，思考幼儿园教师教育质量评估并建设适合新时代中国幼儿园教师教育质量评估模式的问题等一系列重大问题提供方向指引。同时，为我们不断努力为明天建构出中国化、高质量和可持续的整体解决方案——以中国智慧及适合中国儿童的幼儿园保育教育质量评估模式为基础，积极建构并持续完善基于"整合与进阶"理念的幼儿园课程模式，以中国智慧及适合中国教师的幼儿园教师教育质量评估模式为基础，积极建构并持续完善基于"适岗与发展"理念的幼儿园教师教育课程模式，切实扎根中国大地建构中国式启蒙教育的"四梁八柱"并转化为在教育现场中的幼儿园课程提供有益借鉴。

一、高瞻课程模式与新时期学前教育事业的改革和发展

（一）高瞻课程模式对于深刻认识学前教育价值具有重要意义

20 世纪 60 年代，在美国"向贫穷宣战"的全国性战略行动中，著名的佩里学前教育项目（Perry Preschool Project）又称为高瞻佩里学前教育项目———项针对处境不利学前儿童进行教育干预的公立学前教育项目——在密歇根州伊普西兰蒂市诞生。高瞻课程模式正是这一著名学前教育项目的支柱性组成部分，它是历经多年的理论研究和实践探索形成的一套幼儿园课程模式。从某种意义上来说，正是高瞻课程模式为世人熟知和公认的长效教育结果推进了我们对学前教育高效、长期和综合价值的认识。

基于对高瞻佩里学前教育项目或高瞻课程模式中学前儿童发展的长期追踪研究，权威研究者们有了关于优质学前教育效果的新发现，即优质学前教

育方案在提高儿童的受教育年限和教育成就、增加国家税收、减低福利开支和预防犯罪等方面成果喜人。美国学者施瓦因哈特（Schweinhart）、蒙铁（Montie）等在 2005 年对高瞻课程模式的研究中发现，优质学前教育方案对人的一生有着深远的影响，并通过对人的影响产生对社会的综合影响。经过对高瞻课程模式中学前教育的成本—收益分析，发现在扣除了通货膨胀等因素后，每投资 1 美元到学前教育以帮助贫困儿童，便有 17.07 美元的收益，其中 12.9 美元的收益属于纳税人，4.17 美元的收益为儿童个人所有。特别值得指出的是，诺贝尔奖获得者赫克曼（Heckman）及其同事在重新分析高瞻佩里学前教育项目相关数据后，再次确认了以上研究结果：对女性来说，高瞻佩里学前教育项目在提高教育成就、就业率、成年后经济收益以及降低犯罪率方面都产生了有益的影响；对男性来说，高瞻佩里学前教育项目对降低犯罪率、减少监禁、增加 27 岁时的收入、增加 40 岁时的就业以及其他经济收益方面都有长期积极的影响。除此之外，对高瞻佩里学前教育项目的追踪研究还发现，与参与其他课程的儿童相比，参与高瞻课程模式的实验组儿童在成年后（40 岁以后）的综合评价中，学前教育的长期效应最为显著。随着高瞻课程模式促进学前儿童有益、有效发展的积极意义越来越多地得到证实，高瞻课程模式的影响和发展已然跨越国界，成为有世界影响力的优秀幼儿园课程模式。

时至今日，对高瞻佩里学前教育项目或高瞻课程模式教育效果，特别是中长期教育效果的研究成果，推动了世界各国对学前教育价值以及学前教育价值的长期性和综合性的认识。在我国，越来越多的人已经认识到并将越来越深刻地认识到，学前教育的价值已经远远超越了促进个体发展和家庭和谐的民生范畴，正在与做好入学准备和实现幼小科学衔接、提升国民素质、促进人的全面发展的"建设高质量教育体系"等目标紧密联系在一起，并将对构建和谐社会、促进社会公平和打赢脱贫攻坚战、全面建成小康社会后进一步巩固拓展脱贫攻坚成果，接续推动脱贫地区发展和乡村全面振兴等目标，建设富强民主文明和谐美丽的社会主义现代化强国的国家命运产生重大而深远的影响。

（二）高瞻课程模式对于推动幼儿园课程改革具有积极作用

"高瞻"的英文由两个英文单词——High 和 Scope——组成，前一个词指高度的热情（high aspirations），后一个词指广泛的兴趣（a broad scope of interest），即让儿童具有高度的热情和广泛的兴趣。同时，必须指出的是，高瞻课程模式的含义绝不仅于此。高瞻课程模式是儿童主动学习、在活动中学习、在获取关键经验中学习等世界主流学前教育理念的倡导者和践行者，有独到的且有影响力的课程价值取向、课程框架、课程方法、课程组织形式和课程评价体系，理性光辉和实践智慧相辅相成，儿童发展与教师发展交相辉映，实践性课程、反思型教师和发展性评价三位一体。可以说，尽管高瞻课程模式仍处在发展过程之中，仍存在这样那样的不足和可以商榷的问题，但没有任何人可以否认，它是经历了时间和空间检验的优秀幼儿园课程模式，在世界主流幼儿园课程模式的舞台上占据重要地位。

《中共中央 国务院关于学前教育深化改革规范发展的若干意见》针对学前教育教师队伍建设滞后、监管体制机制不健全和保教质量有待提高等问题，提出了大力加强幼儿园教师队伍建设、完善监管体系和提高幼儿园保教质量等任务要求与具体措施。《幼儿园保育教育质量评估指南》指出了要聚焦幼儿园保育教育过程质量，坚持科学评估和以评促建，促进学前教育高质量发展。由此，在重视学前教育师资队伍建设、重视幼儿园保育教育过程质量、重视幼儿园保育教育质量评估、助推学前教育高质量发展、办好人民满意教育的现实背景下，源于美国弱势儿童教育和公立学前教育的优质幼儿园课程模式——高瞻课程模式——有着可以为我国学前教育事业发展，特别是幼儿园课程改革与幼儿园教师教育改革提供参考和借鉴的重要价值。学前教育如何才能真正成为公共产品或准公共产品？幼儿园教师如何才能不再进行"填鸭式"的直接授受，而真正帮助儿童学会主动学习和探究学习？幼儿园教师如何才能不再进行"分科式"的"传道、授业和解惑"，而是从学习品质、思维方式、关键经验等方面着手组织一日活动？幼儿园教师如何才能不再让儿童仅仅进行读写算方面的入学准备，而是引导并支持儿童对自然和社会具有高度的热情和广泛的兴趣？幼儿园如何才能走出"掠夺式开发儿童大脑"的知识导向误区，成为尊重生命并帮助儿童实现快乐生活、健康成长的可持续发展的另一个家园？确实，幼儿园活动室成为像中小学一样的教室，还是成为回归幼儿园本源的儿童乐园，这是一个与今日学前教育改革和发展的价值取向，特别是幼儿园课程改革和发展的价值取向密切相关的严峻问题。我们希望，高瞻课程模式可以为我们思考上述一系列问题提供线索和启示。

目前，高瞻教育研究基金会（The HighScope Educational Research Foundation）在加拿大、英国、印度尼西亚、爱尔兰、墨西哥、新加坡、荷兰、韩国、南非和智利等国家均设立了全国性的高瞻课程模式教师培训中心。高瞻课程模式中幼儿园教师实践的书籍和评价工具也已经被翻译成中文、阿拉伯语、荷兰语、法语、韩语、挪威语、葡萄牙语、西班牙语和土耳其语等多种语言。同时，随着全球化时代文化教育的跨国传播越来越多，高瞻课程模式也被越来越多的国家和地区广泛采用，并产生快速直接的或潜移默化的影响。希望我们对高瞻课程模式的解读，特别是对高瞻课程模式价值、内容、方法、组织形式、评价体系和教师发展策略的解读，能够为我国学前教育工作者思考新时期中国学前教育价值取向、幼儿园课程建构和幼儿园教师专业发展等有关学前教育事业发展的重大理论和实践问题有所帮助。

二、高瞻课程模式与本译丛的基本结构

基于对高瞻课程模式重要意义的认识，我们组织翻译了高瞻课程模式的系列著作。目前该丛书共包括14本，分为3辑。第一辑主要包括：①《学前教育中的主动学习精要——认识高瞻课程模式（第2版）》（*Essentials of Active Learning in Preschool：Getting to Know The HighScope Curriculum*，Second Edition）；②《你不能参加我的生日聚会——学前儿童的冲突解决（第2版）》（*You can't Come to My Birthday Party!Conflict Resolution with Young Children*，Second Edition）；③《我比你大，我五

岁——学前儿童数学能力的发展》（*I'm Older Than You. I'm Five! Math in the Preschool Classroom*）；第二辑主要包括：④《高瞻学前课程模式》（*The HighScope Preschool Curriculum*）；⑤《学习品质：关键发展指标与支持性教学策略》（*Approaches to Learning*）；⑥《社会性和情感发展：关键发展指标与支持性教学策略》（*Social and Emotional Development*）；⑦《身体发展和健康：关键发展指标与支持性教学策略》（*Physical Development and Health*）；⑧《语言、读写和交流：关键发展指标与支持性教学策略》（*Language, Literacy, and Communication*）；⑨《数学：关键发展指标与支持性教学策略》（*Mathematics*）；⑩《创造性艺术：关键发展指标与支持性教学策略》（*Creative Arts*）；⑪《科学和技术：关键发展指标与支持性教学策略》（*Science and Technology*）；⑫《社会学习：关键发展指标与支持性教学策略》（*Social Studies*）；第三辑主要包括：⑬《学前儿童观察评价系统》（*Preschool Child Observation Record，COR Advantage*）；⑭《学前教育机构质量评价系统》（*Preschool Program Quality Assessment，PQA*）。

　　我们希望通过对高瞻课程模式中影响较大的十几本著作的介绍，让大家更为深入地了解高瞻课程模式，特别是更为细致地了解：①高瞻课程模式的价值取向和基本框架；②高瞻课程模式中的教师角色；③高瞻课程模式中儿童各领域的关键发展指标及支持性教学策略；④高瞻课程模式中的儿童观察和机构质量评价。同时，我们希望帮助大家在较为准确地把握高瞻课程模式的基本要素和框架结构的基础上，借鉴他人经验，创造出适合我国国情的学前教育课程模式。

◇ 第一辑

1.《学前教育中的主动学习精要——认识高瞻课程模式（第 2 版）》

　　《学前教育中的主动学习精要——认识高瞻课程模式（第 2 版）》系统反映了高瞻课程模式理论与实践的最新进展。该书以主动学习为基本线索，主要介绍了高瞻课程模式的 4 个基本要素：教学实践、课程内容、评价系统以及员工培训模式。在教学实践部分,该书详细介绍了高瞻课程模式的实践者在帮助儿童进行主动参与式学习时所使用的主要方法,包括成人—幼儿互动、室内外学习环境的创设、一日生活流程的建立、家园合作以及教师之间的有效沟通与合作策略等。在课程内容部分,该书详细介绍了高瞻课程模式的八大内容领域(包括学习品质,社会性和情感发展,身体发展和健康,语言、读写和交流,数学,创造性艺术,科学和技术,社会学习)、八大内容领域的关键发展指标和达成这些指标的方法和策略。在评价系统部分,该书详细介绍了高瞻课程模式中儿童评价工具和机构质量评价工具。在员工培训模式部分,该书阐释了如何将主动参与式学习原则应用到成人即员工培训之中,并特别介绍了高瞻课程模式的培训内容,以及保证培训质量的认证过程。

2.《你不能参加我的生日聚会——学前儿童的冲突解决(第2版)》

《你不能参加我的生日聚会——学前儿童的冲突解决(第2版)》一书主要介绍了应对儿童冲突的问题解决方式,书中运用大量案例帮助幼儿教育工作者和家长具体理解调解冲突的基本步骤。该书在对学前教育和冲突调解领域诸多方法进行整合的基础上形成了"问题解决六步法",并对这一方法进行了较为详细的阐释,即:①冷静地接近儿童并阻止任何可能的伤害性行为;②认可并理解儿童的感受;③收集与冲突问题相关的信息;④重述并解析引发冲突的问题;⑤和冲突各方儿童共同寻找解决冲突的方法,并共同选择一种方法;⑥做好准备,给予问题解决的后续支持。作者在每一部分的写作中都融入了具体的案例,对学前儿童冲突解决的论述分析深刻、通俗易懂又易于操作。

3.《我比你大,我五岁——学前儿童数学能力的发展》

《我比你大,我五岁——学前儿童数学能力的发展》一书旨在使教师和学前儿童能够享受在数学世界中探索与发现的乐趣,并学习如何促进高瞻课程模式中五大数学关键经验——分类、排序、数字、空间和时间的发展。该书首先从整体上介绍了数学领域所包含的教学策略,即布置学习环境、计划每日日常活动、与儿童互动和评估儿童五大数学关键经验的发展;其次介绍了教师应如何逐步指导儿童进行数学学习，包括：开始——如何向儿童介绍某个数学活动；过程——如何在活动中扩展儿童对数学概念的探索；变式——在活动开展中其他可以使用的材料或方法；结束——如何将一个活动带入尾声；后续——在活动结束后的日子里，儿童如何继续在该数学领域学习。同时，该书还详细列举了学前儿童的 50 个数学学习活动，实践工作者可以实施这些活动，并根据每节内容后的诸多变式和建议激发儿童对数学的兴趣，使儿童认识到数学在日常生活中的重要性。

◇ 第二辑

4.《高瞻学前课程模式》

《高瞻学前课程模式》一书讲述了高瞻课程模式的发展、核心原则和实践证明的有效性。该书首先提出主动参与式学习是儿童建构知识的主要方式，然后介绍了儿童主动参与式学习的成人支持（包括教师的支持和家庭的支持）策略，最后介绍了对儿童及课程的评价。在高瞻课程模式中，评价包括一系列任务，如观察、记录。书中还介绍了高瞻课程模式的学习环境、一日生活流程、计划—工作—回顾、大组活动时间、小组活动时间等课程核心要素。高瞻课程模式鼓励儿童在一个支持性的社会背景下学习与发展，在一日生活中表达、执行并回顾他们的计划。一整天，儿童追求自己的兴趣，用自己的方式来回答问题，并与他人分享想法。在真正对他们所说的和所做的事情感兴趣的成人的支持下，儿童能够构建自己对周围世界的理解，并获得控制感和个人满足感。在这个过程中，儿童的信任感，以及积极主动、好奇、睿智、独立、自信心和责任心等学习品质和生活态度逐步建立了起来。

5.《学习品质：关键发展指标与支持性教学策略》

学习品质是高瞻课程模式内容领域中的核心内容，因为儿童的学习品质塑造了他们在所有领域的教育经历。儿童在与他人、物体、事件和想法互动的过程中体现出独一无二的态度、习惯和偏好。拥有积极学习品质的儿童能够以豁达的心态面对挑战，这种品质将伴随他们进入学校，甚至贯穿一生。

学前教育在塑造儿童的学习品质方面扮演了重要的角色。因此，教师提供个性化的经验就显得尤为重要。此外，发展儿童主动性，培养儿童自信、灵活、坚持不懈地解决问题的品质也很重要。该书介绍了学习品质的重要性、教师的一般性支持策略和具体关键发展指标（主动性、计划性、专注性、问题解决、资源利用和反思）的内容及支持策略。

6.《社会性和情感发展：关键发展指标与支持性教学策略》

社会性和情感发展是高瞻课程模式的一项重要内容。儿童如何看待自己以及与他人的联系是其整体学习和发展的一个关键组成部分，而且有研究表明，儿童对自己的感觉及与他人的相处会影响他们的身体发育和学业成就。教师在培养儿童形成对自己的积极态度，帮助儿童学会调节情绪，培养儿童解决社会问题的能力以及与他人合作并向他人学习的能力方面，发挥着重要作用。该书介绍了社会性和情感发展的重要性、教师的一般性支持策略和具体关键发展指标（自我认同、胜任感、情感、同理心、集体、建立关系、合作游戏、道德发展和冲突解决）的内容及支持策略。

7.《身体发展和健康：关键发展指标与支持性教学策略》

身体发展和健康是高瞻课程模式的一项重要内容。身体本身就会自然地成长和发育，但是要想完全发育成一个活跃的个体，儿童还需要设计课程的教师的有目的指导。若要支持儿童在这方面的学习，成人就要提供材料和经验，鼓励儿童调用大肌肉和小肌肉，为儿童提供机会进行自我照顾，并与儿童分享关于身体发展和健康的知识。通过一定的支持策略，儿童不仅能健康、茁壮地成长，而且能了解自己的身体，养成影响一生的良好习惯。该书介绍了身体发展和健康的重要性、教师的一般性支持策略和具体关键发展指标（大肌肉运动技能、小肌肉运动技能、身体意识、自我照顾和健康行为）的内容及支持策略。

8.《语言、读写和交流：关键发展指标与支持性教学策略》

语言、读写和交流是高瞻课程模式的重要组成部分。儿童是天生的沟通者。在成长的过程中，他们想要分享观点和聆听世界的热情是显而易见的，从婴儿时期发出的声音和做出的手势，到儿童日益提高的言语技能都能体现出这一点。儿童的语言和读写能力不是通过死记硬背来获得的，而是在社会关系语境和有意义的活动中发展的。知识通过手势、口头和书面交流来传播，因此这些技能对于儿童未来的学习能力至关重要。儿童在能够"通过阅读学习"之前，必须"学习如何阅读"。而幼儿园阶段为儿童日后读写能力的发展奠定了基础。该书介绍了语言、读写和交流的重要性、教师的一般性支持策略和具体关键发展指标（理解、表达、词汇、语音意识、字母知识、阅读、印刷品概念、图书知识、书写和英语语言学习）的内容及支持策略。

9.《数学：关键发展指标与支持性教学策略》

数学是高瞻课程模式教学内容的重要组成部分。学前儿童可以学数学吗？令人振奋的回答是："是的！"研究表明，儿童不仅是有能力的数学家，而且数学中所使用的思想也是其他领域学习的关键。早期数学包括"有多少"之类的提问（数量和运算）、探索形状（几何）、比较大小（测量）、探索模式（代数）和收集信息（数据分析）。成人通过提供材料和动手活动支持儿童的好奇心，让儿童数出一个积木塔的积木数量，用橡皮泥塑形，为洋娃娃找到合适尺码的连衣裙，用贝壳和橡子制作一个模式，弄清楚班级成员最喜欢的零食等。该书介绍了数学的重要性、教师的一般性支持策略和具体关键发展指标（数词和符号、点数、部分－整体关系、形状、空间意识、测量、单位、模式和数据分析）的内容及支持策略。

10.《创造性艺术：关键发展指标与支持性教学策略》

创造性艺术是高瞻课程模式教学内容的重要部分。创造性艺术包含视觉艺术、音乐、律动和假装游戏，在多种层面上吸引着儿童，并通过刺激儿童的智力和情感来帮助发展儿童的生理、知觉和社会技巧。当成人提供了一个儿童可以自由地表达自己的安全环境时，他们才会被激发运用多种艺术形式进行试验。正如儿童反映在自己的作品以及其他的作品上的那样，他们获得关于自己的信息并丰富了看待世界的视角。因为学前儿童正在迅速地形成心理表征能力，发展语言运用能力，并创造概念之间新的联系，所以他们拥有艺术欣赏能力。该书介绍了创造性艺术的重要性、教师的一般性支持策略和具体关键发展指标（视觉艺术、音乐、律动、假装游戏和艺术欣赏）的内容及支持策略。

11.《科学和技术：关键发展指标与支持性教学策略》

科学和技术是高瞻课程模式中教学内容的重要组成部分。儿童是天生的科学家。早期科学教育建立在儿童好奇心的基础上，并通过活动帮助他们理解这个世界是如何运转的。儿童的早期科学和技术学习基于科学探究的模式，这种模式包括提出问题、回答问题以及应用问题解决策略。当儿童提出和回答有关"怎么样""是什么"和"为什么"的问题时，当儿童重新思考期望发生和实际观察到的内容之间的差异时，当儿童使用材料并改变材料来解决问题时，他们便参与到了科学探究之中。学前儿童使用他们正在萌发的观察、交流、表征和推理能力来探索世界，并分享他们的发现。成人可以通过提供操作材料和感官体验活动，有目的地、有效地支持这一进程，从而基于儿童的发现，培养他们的心智习惯和科学思维能力。该书介绍了科学和技术的重要性、教师的一般性支持策略和具体关键发展指标（观察、分类、实验、预测、得出结论、交流想法、自然和物质世界以及工具和技术）的内容及支持策略。

12.《社会学习：关键发展指标与支持性教学策略》

社会学习是高瞻课程模式教学内容的重要内容之一。儿童如何认识自己并适应社会生活，教师做什么才可以帮助儿童成长为一个对社会有价值的人？社会学习不仅影响儿童的责任感，还影响他们适应社会的能力。随着儿童社会学习意识的增长，儿童逐渐建立起社会规则意识，学习社会文化习俗以及与他人沟通交流的方法和策略。儿童开始逐渐了解他人是如何生存，在哪里生活，如何适应这个社会的。该书介绍了社会学习的重要性、教师的一般性支持策略和具体关键发展指标（多样性、社会角色、决策、地理、历史、生态）的内容及支持策略。

◇ **第三辑**

13.《学前儿童观察评价系统》

《学前儿童观察评价系统》是高瞻课程模式的最新儿童观察评价工具，具有发展适宜性、高信度、高效度等特点。它包括 8 个领域的内容：学习品质，社会性和情感发展，身体发展和健康，语言、读写和交流，数学，创造性艺术，科学和技术，社会学习。另外还有一个英语语言学习领域（针对母语非英语的儿童）。这些领域的评价条目与学前儿童关键发展指标相呼应，共计 36 个。

该书介绍了上述每个领域的评价方法，提供了 8 个连续发展的水平层级。该系统可供评价不同发展水平的儿童，既可以评价有特殊需求的儿童，也可以评价在一些领域发展较快的儿童。为了帮助观察者能可靠而妥当地使用这一系统，书中对每个领域、每个条目、每个发展水平都有简短的说明。每个方法栈水平均有两个逸事记录案例，用以对儿童的行为进行解释，因此它是具有实操性的儿童评价系统。

14.《学前教育机构质量评价系统》

这是一个用来评价学前教育机构质量、确认员工培训需求的评价工具，由高瞻教育研究基金会开发，适用于所有学前教育机构。该系统可以识别有效促进儿童发展、鼓励家庭和社区参与以及为员工创造一个支持性的工作环境的结构性特征和动态关系。

该系统从班级和机构两个层面考查质量，其中班级层面条目侧重于考查教师日常教学工作的质量，包括学习环境、一日生活流程、师幼互动、课程计划和评价。评价者主要通过观察真实的课堂活动、访谈教师等获得评价信息。机构层面条目侧重于考查整个学前教育机构的质量，包括家长参与和家庭服务、员工资质和员工发展、机构管理。评价者主要访谈主管、教师和家长等相关人员获得评价信息。它是一套较为完备的学前教育机构质量评价系统。

三、高瞻课程模式的主要经验

高瞻课程模式效果惊人，长达40多年的追踪研究证实了该课程方案的有效性和优质性，这使得高瞻教育研究基金会满怀信心地在全美乃至全球推广其课程方案。正如戴维·韦卡特（David Weikart）本人所宣称的，高瞻课程模式面对众多挑战都是有所准备的，因为高瞻课程模式：①有着一个具有内在一致性的理论基础；②被多年研究证明是有效的；③能在广泛的范围内应用；④在不同实践条件下的实践工作者都能够清晰地说明这个课程模式；⑤有着一个有效的教师培训系统，可以支持该课程模式在全球范围内的复制；⑥有着一个广泛定义儿童学习结果的评价系统。对于我们今天的幼儿园课程改革来说，高瞻课程模式可供借鉴的经验可能主要表现在以下两大方面。

（一）建构关注"公民—能力—技术—过程—进阶—持续"的综合育人课程体系

1.重视公民教育，以培养国家公民为社会学习的落点

社会学习涉及儿童对社会规范和习俗等的认识，以及与他人互动交往的技能，儿童经由社会学习成为集体的一员。高瞻社会学习领域包括6个关键发展指标，分别是多样性、社会角色、做出决策、地理、历史和生态。"多样性"是指"儿童理解人们有不同的特征、兴趣和能力"，即帮助儿童理解与适应社会的多样性。"社会角色"是指"儿童了解人们在社会中具有不同角色和作用"，即帮助儿童了解社会成员的构成及不同社会成员承担的责任，发展角色之间初级的互惠关系。"做出决策"是指"儿童参与做出班级决策"，即引导儿童成为集体中的一员并自主参与讨论、发表观点并解决问题。"地理"是指"儿童识别和解释其所处环境的特征与地理位置"，即引导儿童探索周围的地理环境，熟悉位置，了解生活环境的特征及其对人类生活的影响。"历史"是指"儿童理解过去、现在和未来"，即帮助儿童利用逻辑来理解个体的时间与社会的时间。"生态"是指"儿童理解保护其所处环境的重

要性"，即指向引导儿童发展对自然的热爱，进而成为地球的保护者，建立良好的人与自然的关系。

高瞻课程模式中社会学习发展指标指向公民素养的培养，儿童关于社会学习的知识获得，建立在与不同的人（拥有不同背景、兴趣和技能的教师和同龄人）、广泛的材料（假装道具、书）、日常和特殊活动（实地旅行、庆祝活动、小组决策、分担对教室娱乐空间的责任）互动的基础之上。首先，从儿童个体层面来说，社会学习有助于培养儿童形成关于社会、正义、民主的基本观念，发展作为公民的民主品格基本特质。其次，从儿童与他人的关系层面来说，社会学习培养儿童作为集体成员参与社会公众生活，通过观察与体验群体行为获得社会学习的知识与技能，与家庭、社会中的人建立联系，了解与接纳人在背景、能力、外观等方面的多样性，理解社会生活中不同的角色及角色间的关系，形成集体认同感，尊重集体成员，并形成自己解决问题的看法与观点，从而发展作为公民在民主参与上的基本特质。最后，从儿童与社会和自然的关系层面来说，社会学习培养儿童理解社会的历史变迁，理解人与周围环境及更大的自然环境之间的关系，具备作为公民在国家与民族认同和社会责任上的基本特质。

高瞻课程模式社会学习领域以培养国家公民为落点，包括 6 项特定的学习内容，遵循从简单到复杂、从关注自己到关注社会中的关系的发展过程，通过帮助儿童构建社会理解和行为的一般原则，认识到个人行为可以对世界产生积极影响等支持策略，帮助儿童融入集体，与他人互动。

2. 秉持主动学习理念，凸显学习品质的涵养

儿童的主动学习是高瞻课程模式的灵魂与支柱。高瞻课程模式一直呼吁并秉持儿童主动学习理念，帮助儿童发展关键经验，并将学习品质领域单独列出，放在儿童关键发展指标的首位，足见其对涵养儿童学习品质的重视。高瞻学习品质领域共包含主动性、计划性、专注性、问题解决、资源利用与反思 6 项关键发展指标，均为儿童毕生受益的良好品质。在高瞻课程模式的实施过程中，教师试图用主动学习这把钥匙帮助儿童开启提升学习能力与涵

养学习品质的大门。

高瞻课程模式指出儿童主动学习的发生条件主要包括 5 个要素，即材料、操作、选择、儿童的语言和思维、成人的鹰架。这 5 个要素均体现了对学习品质的涵养。要素一，材料。高瞻课程模式强调幼儿园应该为儿童提供充足、多样化且适宜的开放性操作材料，并结合高、低结构的材料满足儿童的需要，操作材料不仅能够激发儿童的好奇心和求知欲，还能调动儿童多感官的参与，使其对活动产生高度的热情与广泛的兴趣，从而发展主动性学习品质。要素二，操作。高瞻课程模式强调应关注儿童对材料的直接操作与感知。儿童在摆弄操作材料时会建构相关的知识与经验，不断发现新玩法，不断激发儿童新的操作与探索。马里奥·希森博士（Marilou Hyson）指出，活动中的成功体验、由操作和学习产生的愉悦情绪，会很大程度上影响儿童的学习情感和态度，使儿童能够投入到操作活动中，其专注性、问题解决等学习品质也会得到相应的涵养。要素三，选择。高瞻课程模式强调儿童有选择感兴趣的活动、材料与伙伴的权利，他们可以根据自己的兴趣与需要去调整计划与活动。要素四，儿童的语言与思维。儿童在学习过程中使用语言或非语言的形式进行交流，表达自己的思想与情绪，解决活动过程中存在的问题，对自己的活动过程进行回顾与反思。儿童行为的变化与调节反映了其语言与思维的发展，在此过程中儿童的学习能力得到发展，问题解决与反思等学习品质也能够得到一定的涵养。要素五，成人的鹰架。高瞻课程模式强调教师可以在充分了解儿童现有水平的基础上，综合考虑支持儿童主动学习的五大要素，尊重、鼓励并引导儿童向更高水平发展，让儿童能够主动尝试，不断建构有意义的新经验，进一步发展儿童的学习能力，涵养儿童的学习品质。

计划—工作—回顾是高瞻课程模式中重要且不可或缺的内容。这 3 个环节彼此衔接、环环相扣，构成活动与教学的基本组织形式，贯穿于幼儿园的一日生活中，使儿童在活动中能够逐渐成为活动的"主人"，自信心与自我效能感不断提升。儿童的学习由此成为一个可控且可预测的过程，成为主动学习和涵养学习品质的保障机制。其中，计划环节旨在给儿童一个表达他们想法和意愿的机会，培养儿童的主动性和进取心。儿童通过与教师的交流并在教师的支持下对自己的活动进行规划，当儿童真正能够将自己的想法和计划付诸实践时，其主动性与计划性的学习品质便得到了提升，社会性和思维也获得了发展。工作环节旨在给儿童提供一个将自己的计划付诸实践的环境，培养儿童的主动学习能力。儿童充分利用周围的材料，不断对新的想法进行尝试与验证，在此过程中，主动性、专注性、问题解决及资源利用等学习品质得到进一步涵养，多元环境也能促进儿童的全面发展。回顾环节是儿童与教师、同伴一起对"工作"过程进行回忆与分享。在此过程中儿童的学习品质得到进一步发展。

高瞻课程模式不仅秉持主动学习理念，而且还将主动学习真正操作化，通过丰富的教师支持策略及案例的呈现，展现教师具体的支持儿童主动学习的方法，让儿童的学习能真正从被动性接受转变为主动性学习。教师在遵循高瞻课程模式"三步走"的基础上，重视"五要素"及其在活动开展过程中的协同作用，围绕儿童关键发展指标，引导儿童获得良好体验，做主动的学习者，不断提升学习能力，并使学习品质得到充分涵养，最终使儿童能够达到愿意学习、乐于学习并善于学习的状态。

3. 关注科学方法和技术工具，推动科学技术的整合

科学和技术几乎渗透在现代生活的方方面面，是应对人类当前和未来许多最紧迫挑战的关键。美国一直将科学教育视为培养创造性人才、保持国际竞争力的关键教育领域，并不断审视时代发展需求和国际竞争环境，对科学教育提出新的要求。针对当前科学教育存在的广而不深（a mile wide and an inch deep）、难以帮助学生在"有限"的时间里应对"无限"的自然科学知识的弊端，美国明确了科学教育应该以少数"大概念"（big idea）为抓手的科学教育理念，旨在通过帮助学生建构起对"大概念"的深入理解来整合科学知识，进而达成对学生良好科学素养的培养。高瞻课程模式在学前教育阶段中有力落实了科学知识"整合"的这一要求，主要体现在 3 个方面。

　　第一，高瞻课程模式肯定了儿童强大的科学认知和学习能力，肯定儿童天生就有好奇心，天生就有解释和应对世界的科学和数学技能。高瞻课程模式认为，儿童能够通过游戏整合学习科学、技术、工程和数学（STEM）概念；能够通过探索、实验、发明、设计和测试解决方案，形成关于世界如何运作的想法，有能力进行实验，收集数据，并得出结论；能够在科学探究中发现自然世界和掌握科学探究的技能，不断构建起对整个科学和技术世界的完整认识。第二，高瞻课程模式构建了完整的学前科学教育内容体系，明确了那些能够帮助儿童整合认知科学世界的科学教育内容，即科学和技术领域的关键发展指标，如关键发展指标"自然和物质世界"中的种种科学大概念——自然和物质世界的特性与变化过程（动物和植物的特性、坡道与岩石的特性、生长与死亡的过程、结冰和融化的过程）、自然世界变化、因果关系、对人类生活有意义的循环过程等。这些科学内容不指向任何零散的、需要记忆的事实性知识，而是指向科学知识与儿童生活、人类发展间的意义联系，儿童无法通过死记硬背的方式理解这些科学内容（例如因果关系、循环过程），只能不断感受和体验这些科学大概念下广泛的相关经验（例如在观察探究动植物完整的生长历程中感受生长和死亡的过程）。高瞻课程模式所确定的这种强调"过程性体验"才能获得的大概念能够引导教师在实际教学中切实关注儿童的经验与体验，关注儿童对科学世界的整体性感知和理解，防止科学教育走向强调记忆的"小学化"误区。第三，在科学教育的过程与方法上，高瞻课程模式强调环境的营造，引导儿童自主地进行科学探究。高瞻课程模式认为，儿童自身的主动探究才是其科学学习的主体方式。成人并不需要通过劝诫去吸引儿童参与科学探究，因为自然存在的物体和科学现象能自然而然地吸引儿童。成人的主要任务不在于向儿童灌输零散的科学常识，而是通过提供一个吸引人的、包含科学探究各种条件要素的环境支持儿童的科学游戏和科学探究，支持儿童在这种环境中探索、构建和提问。高质量的科学学习环境能够支持儿童在探究、观察、提问、形成假设、调查、收集数据、得出结论的过程中不断增强对科学的好奇心和求知欲，不断展开新的科学探究尝试。

高瞻课程模式关注科学方法和技术工具以了解世界并推动科学技术的整合，聚焦于科学和技术领域的观察、分类、实验、预测、得出结论、交流想法、自然和物质世界、工具和技术8条关键发展指标，将科学探究的内容、过程与方法整合起来支架儿童的科学探究，儿童在探究中不仅自然而然地认识和掌握了科学探究的内容、过程、方法、工具等，还提升了科学探究能力，同时体验到科学方法、工具和技术在人类认识科学世界中发挥的巨大作用，进一步萌发了科学探究的热情和兴趣。

4. 重视教育过程并实现过程要素化和要素策略化

高瞻课程模式的教学实践呈现了课程模式的实践者为儿童提供主动参与式学习经验时所经历的过程和所使用的方法策略，由师幼互动、学习环境创设、一日生活流程、与家长合作、教职工合作5部分组成。需要指出的是，高瞻课程模式的教学实践所关注的5个部分正是幼儿园教育中的过程部分，从有意图的环境创设，到相对稳定的一日生活流程，到师幼互动，再到家庭与教职工的支持，完整呈现了儿童在幼儿园中的一日生活流程及发展进程，是对教育过程的高度重视。

教学实践，尤其是教学实践中的师幼互动、学习环境创设、一日生活流程、与家长合作、教职工合作的每个部分都包含着更加细化、可操作的基本要素和基于要素的具体策略。第一，师幼互动关注支持性互动关系的建立，分享控制是师幼互动的核心。学习不是成人向儿童提供信息，而是分享控制的过程，儿童在过程中与人、物、事件和想法直接互动。支持性互动关系的基本要素包括和儿童分享控制、关注儿童的优点、和儿童建立真实的关系、支持儿童游戏、鼓励而不是表扬儿童、采用问题解决法解决冲突，每个要素之下分别呈现了具体的教学策略。例如，"和儿童分享控制"这一要素之下的一个教学策略是"应儿童的要求参与活动，即教师按照儿童的提示进行游戏和交流"。第二，学习环境创设探讨幼儿园室内外空间如何考虑儿童的发展需要，并为儿童创设积极的学习环境。学习环境创设的基本要素包括设置学习环境、选择设备和材料，每个要素之下分别呈现了具体的教学策略。例如，"选择设备和材料"这一要素之下的一个教学策略是"材料多样、开放且充足"，因为儿童的兴趣各异，需要各种各样的材料来进行游戏与学习。第三，计划—工作—回顾是一日生活流程的核心，也是高瞻课程模式的另一个标志。一日生活流程的基本要素包括计划时间、工作时间、回顾时间、集体活动时间，每个要素之下分别呈现了具体的教学策略。例如，"计划时间"这一要素之下的一个教学策略是"鼓励儿童交流想法、选择和决定"。第四，家庭是儿童学习的第一个也是最重要的来源，与家长合作重在促进家庭参与。促进家庭参与的基本要素包括审视自己的家庭背景、信仰以及态度，了解儿童及其家庭的传统，与家长分享儿童的在园情况，让家长对儿童拥有较高的期望，每个要素之下分别呈现了具体的教学策略。例如，"了解儿童及其家庭的传统"这一要素之下的一个教学策略是"主动与家长接触"。第五，教职工合作关注的是教职工之间的协作，以更有效地促进儿童的发展。教职工协作的基本要素包括建立团队、收集儿童的信息、制订每日团队计划、员工支持和管理策略，每个要素之下分别呈现了具体的教学策略。例如，"制订每日团队计划"这一要素之下的一个教学策略是"利用团队中每个人的长处"。

高瞻课程模式重视教育过程并实现过程的要素化和要素的策略化，聚焦教育过程中的师幼互动、学习环境创设、一日生活流程、与家长合作、教职工合作5个方面，并对每个方面匹配了相应的支持策略，以此支架儿童的发展，引领教师的行动，鼓励家庭的参与，在过程中实现家园社协同育人。

5.重视鹰架策略并实现鹰架系统化和策略进阶化

高瞻课程模式以主动学习为基本理念，其中成人鹰架是主动参与式学习的5个要素之一。成人鹰架是指成人支持并适当拓展儿童当前的思维和理解水平，帮助儿童获得知识，发展创造性地解决问题的技能。需要指出的是，高瞻课程模式对于鹰架策略的认识并没有停留在基本理念上，而是将鹰架策略落实在教学实践、教学内容、发展评价与教师专业发展全过程之中，真正运用基本理念引领整个课程模式，凸显对鹰架策略的重视，实现鹰架策略的系统化和进阶化。

鹰架策略，尤其是涉及教学内容的鹰架策略，是由一般支持策略、具体支持策略和持续支持策略构成的不断进阶的策略系统。一般支持策略只指向某一学习领域，用于鹰架儿童某领域的学习，具有一般意义和普遍适用性。例如，"建立一日生活流程，允许儿童表达多种学习风格与偏好"是促进儿童"学习品质"领域发展的一般支持策略。具体支持策略不仅指向某一学习领域，而且指向该领域的某一关键发展指标，用于鹰架儿童某领域中的某一关键发展指标的学习，具有专门性和针对性。例如，"在全天活动中提供有意图地进行选择的机会"是"学习品质"领域之下的关键发展指标"计划性"的具体支持策略。持续支持策略不仅指向某一学习领域和该领域的某一关键发展指标，而且指向关键发展指标的不同水平，用于鹰架儿童的持续发展，由于最初的水平不同，持续支持策略往往以鹰架策略表的形式呈现，是一套基于连续发展水平的连续支架策略，具有操作性和进阶性。

高瞻课程模式重视鹰架策略并实现鹰架策略的系统化和进阶化，形成了由一般性的支持策略、具体性的支持策略和持续性的支持策略组成的具有普适性、针对性和操作性的系统化、进阶化策略体系。

6.重视教师岗位胜任力并将主动参与式学习贯穿培训始终

高瞻课程模式从20世纪60年代以来就一直致力于培训教师，从80年代开始培训教师培训者。高瞻课程模式在持续的研究中认识到，最好的专业准备能够鼓励教师反思学到了什么以及如何将所学运用到工作中。反思的目的在于发现如何将学到的东西转化成实践，只有当教师参加的课程或培训是专门针对儿童发展、学前教育课程和评价以及学前教育教学实践时，培训才是最有效的。同时，高瞻课程模式不仅促进儿童的主动学习，也促进成人的主动学习，成人不仅要懂得课程是什么、为了什么，更需要懂得怎样进行教学实践。

高瞻课程模式鼓励教师参加关于儿童发展、教学实践和评价的培训，在学习时发挥能动性，将学到的东西与自身工作和家庭生活联系起来。第一，在提升教师的岗位胜任力方面，高瞻课程模式为参训教师提供文本资料、视听材料、学习指导和评价工具，参训教师通过工作坊、实践、作业、现场访问等方式掌握高瞻课程模式的应用性知识。线下和线上的工作坊包括学习理论、实践和评价，包含大量的分享和反思的机会；实践有助于参训教师应用他们学到的东西；作业有助于参训教师学习并内化高瞻课程模式的核心要素。教师会在现场获得及时的反馈与指导。第二，在成人主动学习方面，高瞻课程模式明确了培训中成人主动学习的五大原则，分别是内容整合、适合成人学习、显性课程、分散学习和跟进机制。内容整合关注的是培训主题依据逻辑顺序建构，是知识、技能的系统化呈现，有助于建立一套有关儿童发展和教学实践的整体框架；适合成人学习关注的是发挥参训教师的主观能动性，基于培训主题为成人开展"做中学"工作坊；显性课程关注的是课程有以书面形式呈现的课程理念、儿童发展理论以及促进和评价儿童学习的教学策略；分散学习关注的是适宜的时间跨度，确保参训教师可以试验新学的东西，观察什么有用，什么没用，并将成功的经验和遇到的问题带到小组中讨论；跟进机制关注的是及时的现场反馈与指导和培训结束之后形成的内部"传帮带"团队。

高瞻课程模式重视教师岗位胜任力并将主动参与式学习贯穿培训始终，要求教师不仅要懂得课程是什么、为了什么，更需要懂得怎样进行教学实践，通过工作坊、实践、作业、现场访问等方式提升教师的理论能力、教学实践能力和反思能力，促进教师岗位胜任力的全方位提高。

（二）建构基于"目标—条件—过程—内容—评价—教师"的可持续发展课程体系

1. 以支持儿童学会主动学习为基本价值取向和主要教育目标

科学研究表明，在整个生命周期里，大脑有不断改变、形成新连接的能力（被称为"可塑性"）。因此，在人的一生中，主动学习都发挥着至关重要的作用。儿童不断"建造"或是"构建"他们的知识世界，他们通过自己对人、物、事及观念的直接探究，了解世界是如何运作的。因此，高瞻课程模式基于科学家、心理学家及教育学家对儿童发展的理论研究，提出"主动学习"这一理念。在高瞻课程模式中，主动学习被定义为儿童通过直接操作物体，在与成人、同伴、观点以及事件的互动中，建构新的理解的学习过程。也就是说，在高瞻课程模式开发者眼中，没有人能够代替儿童获得经验或建构知识，儿童必须通过自己的主动学习获取经验并建构知识。高瞻课程模式最重要的教育目标就是通过促进儿童主动学习，促进儿童发展自我意识、社会责任感、独立意识与独立性、好奇心，以及决策、合作、坚持、创新和问题解决能力。

高瞻课程模式并没有将主动学习停留在空泛的理念和概念表述上，也没有停留在静态的目标和要素呈现上，而是把主动学习理念具化为"主动学习轮"，并进行了操作化的执行和表现，同时提供了保证主动学习轮有效运转的必要条件——主动学习五要素，即材料、操作、选择、儿童的语言和思维、成人鹰架。

在学习轮中，主动学习位于中心位置，可见高瞻课程模式强调儿童主动性的重要性以及对关键发展指标教育内容的全面重视。围绕培养儿童主动学习这一中心的4个扇形则代表教师在与儿童互动时的四大职责，包括参与支持性的师幼互动、创设有挑战性的学习环境、建立稳定的一日生活流程以及开展持续性评估用来做计划以及满足儿童的需求。

总之，高瞻课程模式以支持儿童主动学习为基本价值取向与主要教育目标，为了促进儿童主动学习，教师应重视支持性师幼互动、挑战性区域环境、稳定的一日生活流程以及持续评估与计划。具体来说，教师应精心提供适宜的材料、计划活动并与儿童交谈，开展由儿童发起的——建立在儿童自发的好奇心之上——又是发展适宜性的，即与儿童目前的、即将出现的能力相适应的活动，为儿童提供选择的空间与机会，引导儿童讲述自己的经历，并一步一步支持儿童实现主动学习。

2. 以为儿童提供支持性的学习环境为基本资源依托和主要教育条件

创设支持性的学习环境是高瞻课程模式支架儿童主动学习与发展的资源依托和主要教育条件。高瞻课程模式认为，适宜的学习环境对儿童身体、智力、情感、社会性等多个方面的发展都有重要作用。传统的早期教育课程方案虽然也意识到环境创设对儿童发展的重要性，但往往会走向两种极端——放任主义氛围和指导性氛围。在放任主义氛围中，班里基本没有什么结构或一日生活流程，缺少目的性和引导性，容易让儿童的学习变得浅表和低效；在指导性或成人控制的氛围中，教师告诉儿童做什么和什么时候做，具体的学习技巧和概念的教学备受重视，这种学习氛围虽然肯定了教师引导对儿童发展的促进作用，但忽视了儿童的主体性和能动性，容易走向"知识化"和"小学化"误区。高瞻课程模式所倡导的支持性学习氛围有效平衡了以上两种极端的环境创设模式，在这种支持性的学习环境中，教师和儿童分享控制整个学习过程；教师在儿童探索时所需要的自由与为安全做出的限制之间达成一种平衡；教师提供的材料和经验既建立在儿童的兴趣之上，又可以促进其学习；儿童与儿童之间、儿童与材料之间、儿童与教师之间持续发生着积极的互动，鼓励儿童自由地学习和探索，在各个领域都取得进步和发展。

高瞻课程模式依照儿童的兴趣将儿童学习和活动的空间划分为不同的区域，包括积木区、娃娃家、艺术区、玩具区、读写区、沙水区、木工区、律动和音乐区以及户外区（因为数学和科学是探索各区域的材料，所以高瞻课程模式没有特设的数学和科学区）。在一日生活流程的计划环节，儿童可以自由选择区域开展活动。每个区域都有足够的活动空间并投置了丰富多样的材料，材料是充足的，以便多名儿童能够同时在某一特定区域进行游戏；材料是生活的，它们真实地反映了班上儿童在文化和语言上的多样性，显示教师对儿童家庭及其家庭生活的重视；材料是支架式的，儿童可以在区域中利用提供的材料，开展各种游戏、实验和探究活动，不断内化活动中体验的知识和经验。

总之，高瞻课程模式正是通过精心细致的支持性学习环境创设，最大限度地激发儿童的探索欲望和主动学习的热情，让儿童在环境潜移默化的影响下成长。

3. 以一日生活流程、计划—工作—回顾为基本实施思路和主要教育过程

高瞻课程模式以支持儿童学会主动学习为基本价值取向和主要教育目标，以一日生活流程、计划—工作—回顾为基本实施思路和主要教育过程。高瞻课程模式非常重视儿童自主性的发挥，鼓励儿童主动参与并计划、实施一日生活活动并进行反思与回顾。

高瞻课程模式为儿童的主动学习创设了具有连续性与灵活性的一日生活流程，主要包含以下环节：问候时间、计划时间、工作时间、清理时间、回顾时间、点心时间、小组活动时间、大组活动时间和户外活动时间。一般情况下，儿童的一日安排作息表都会张贴在儿童活动区域中较为醒目的位置，儿童能清楚了解到各环节的顺序和每个环节的时间长短。其中，各环节的顺序可以根据时间和课程设置结构进行灵活调整，而计划—工作—回顾的顺序不能颠倒。这个活动循环配合问候时间、小组活动时间、大组活动时间以及户外活动时间等共同构成了高瞻课程模式的一日生活流程，是儿童进行自我计划、自我实施和自我反思的过程，也被视为高瞻课程模式的"发动机"。在高瞻课程模式一日生活流程的安排与计划—工作—回顾过程之中，儿童可以在同一时间段中进行各种不同的活动与游戏，丰富的活动材料、充足的活动时间与多样化的分组活动方式也为儿童进行探究活动以及各种经验的获得提供了保障，儿童可以随时与教师、同伴就自己进行的"工作"进行交流并寻求帮助。

综上，高瞻课程模式以一日生活流程的安排与计划—工作—回顾的循环为其基本实施思路与主要教育过程，帮助儿童发展目标意识与主动学习的能力，并促使其真正成为活动的主动参与者与自我经验的建构者。

4. 以系列关键发展指标及其水平层级为基本进阶指引和主要教育内容

高瞻课程模式的教育内容被划分成相互独立、相互依赖的8个领域，并围绕着8个内容领域确定了58条关键发展指标。关键发展指标不仅包括知识，还包括知识的应用，是儿童发展各阶段中思维和推理的基石，是儿童持续发展的基本进阶指引，是儿童发展的"关键经验"，具有直接获得性、发展意义性、发展连续性和循证教育性的特点。第一，直接获得性代表高瞻课程模式主张为儿童提供直接操作的机会，让儿童通过与材料和他人互动得来"具体"经验，并逐渐形成抽象概念。高瞻课程模式的核心——儿童的主动学习，就是强调儿童通过直接操作物体，在与他人、物体、事件和想法的互动中建构新的理解的学习过程。第二，发展意义性代表"关键经验"，指向经验的基础性、稳定性，是儿童应该学习和了解的基本内容；指向经验的必要性、重要性，是儿童发展过程中必不可少的、必须学习和掌握的内容；指向经验的普适性，在世界不同国家、不同文化中，有着不同背景的儿童都会经历。第三，发展连续性是指儿童的学习遵循某种顺序，会从简单的知识、技能学习过渡到更为复杂的知识、技能学习，每种关键经验既会从过去的经验中吸纳某些东西，同时又以某种方式改变未来经验的性质，展现儿童学习与发展的连续性过程。第四，循证教育性是指教师认识到不同儿童发展不同，即使是同一名儿童在不同领域的发展也会有所不同，所以教师要观察儿童，以此为基础开展教育，同时在儿童沿着发展轨迹前进时逐渐扩展儿童的知识和思维，支持儿童获得在各学习领域的关键经验。这一持续的循环能够让儿童的学习过程看得见，也让教育的过程看得见。

总之，基于高瞻课程模式内容领域的关键发展指标及其水平层级指向儿童学习与发展中"关键"的"经验"，其直接获得性、发展意义性、发展连续性、循证教育性共同构成了关键经验的丰富内涵和特征。在此基础上，关键发展指标成了幼儿园教师组织活动的内容框架，成了教师观察和研究儿童的指标，以及基于这些指标改进和完善教育教学活动的依据，也成了提升幼儿园课程质量的核心。

5. 以儿童产生高度热情和广泛兴趣为基本评价框架和主要教育效益

高瞻课程模式中的"高瞻"关注的是让儿童具有高度的热情和广泛的兴趣，指向儿童的主动学习。同时，必须指出的是，高瞻课程模式的含义绝不仅限于此。高瞻课程模式是"主动学习""在活动中学习""在获取关键经验中学习""真实性评价"等世界主流学前教育理念的倡导者和践行者，有独到的且有影响力的课程价值取向、课程框架、课程方法、课程组织形式和课程评价体系。尤其是在评价体系方面，高瞻课程模式以儿童在活动过程中产生高度热情和广泛兴趣为基本评价框架和主要教育效益，形成了《学前儿童观察评价系统》和《学前教育机构质量评价系统》等评价工具。

高瞻课程模式通过针对儿童和机构的两套综合性的评价工具来检验和改进课程。其中《学前儿童观察评价系统》评价儿童各个内容领域的学习，在评价儿童发展的基础上为个别儿童或全班儿童制订活动计划，促进儿童进步；《学前教育机构质量评价系统》评价教师和机构是否实施了有效的课程，有哪些做得好的地方和应改进的地方。具体而言，第一，《学前儿童观察评价系统》从学习品质，社会性和情感发展，身体发展和健康，语言、读写和交流，数学，创造性艺术，科学和技术，社会学习8个领域（外加英语语言学习）来评价儿童的早期发展。这8+1的领域中所包含的36个评价项，涵盖了儿童早期发展中的关键经验。以儿童在活动过程中产生高度热情和广泛兴趣为基本评价框架和主要教育效益，主要体现在在所有领域中对儿童进行发展评价时，考察儿童是否获得了积极学习品质的涵养，是否在分享控制过程中通过与他人、物体、事件和想法直接互动获得各个领域的相关知识与技能，是否在主动学习要素的支架下学会了主动学习。第二，《学前教育机构质量评价系统》分为班级层面和机构层面，共包括7个领域63个评价项，其中，班级层面侧重于考察幼儿园教师日常教学工作的质量，包括学习环境、一日生活流程、师幼互动、课程计划和评估，评价者主要通过观察真实的课堂活动和访谈教师等，获得评价信息；机构层面条目侧重于考察整个学前教育机构的实施情况和质量，包括家庭参与和家庭服务、员工资质和员工发展、机构管理，评价者主要通过访谈学前教育机构管理者、教师、家长等相关人员，获得评价信息。以儿童在活动过程中产生高度热情和广泛兴趣为基本评价框架和主要教育效益，主要体现在教师是否支持儿童积极学习品质的涵养，是否在分享控制，是否为儿童创设了主动学习的环境，一日生活流程是否稳定并支持儿童主动学习与发展，机构或课程是否关注家园社育人的合力等。

综上，高瞻课程模式以儿童在活动过程中产生高度热情和广泛兴趣为基本评价框架和主要教育效益，是理性光辉和实践智慧的相辅相成，是儿童发展与教师发展的交相辉映，是儿童、教师、家庭和机构共同发展的相得益彰，是实践性课程、反思型教师和发展性评价的三位一体。

6. 以帮助教师通过主动学习胜任岗位和岗位进阶为基本启动范式和持续质量保障

研究表明，教师接受正规教育和专门培训的层次越高，就越有可能在课堂上使用合适的教学策略。经过适宜的教育和培训的教师能使用他们学到的东西去指导实践，做出对每名儿童以及整个班级最佳的决定。高瞻课程模式不仅重视促进儿童的主动学习，而且重视主动参与式学习对教师专业发展的价值，以帮助教师通过主动学习胜任专业岗位和持续岗位进阶为基本启动范式和持续质量保障。

主动学习是高瞻课程模式的基本理念，高瞻课程模式强调儿童的学习是主动参与式的，即儿童通过直接感知、实际操作和亲身体验来理解事物，与他人、物体、事件和想法互动，获得新的见解。为了培训教师，高瞻课程模式也同样采用了主动参与式学习法，即参与培训的教师不仅要阅读理论和开展研究，还要练习课堂中使用的各种教学策略，还要反思哪里做得对，哪里做得不对，与同事讨论学习经验。当参训教师学习及实施课程时，高瞻课程模式的认证培训师会对其提供反馈和支持。以帮助教师通过主动学习胜任专业岗位和持续岗位进阶为基本启动范式和持续质量保障，主要体现在高瞻课程模式特别注重教师的专业发展，鼓励教师在参与培训的过程中发挥主观能动性，制订计划，完成作业和应用活动，并对他们学到的东西进行反思。同时，为保证质量，高瞻教育研究基金会根据一系列严格的标准对教师和培训者以及机构进行认证，鼓励教师制订自己的持续性专业发展计划。如要成为高瞻认证教师，申请教师必须先注册，然后参加课程学习（或接受相当的培训）并完成全部作业，接着必须在《学前教育机构质量评价系统》班级层面的条目上获得高分，同时收集逸事并完成两篇观察记录，完成一系列计划表，记录和反思自己的实践。要成为高瞻认证培训师，申请教师必须同时完成高瞻课程学习（或接受相当的培训）和培训者培训，在课程实施和培训者培训方面的知识和技能符合认证要求，包括在课程中完成报告和作业，实施《学前儿童观察评价系统》和《学前教育机构质量评价系统》，开设工作坊，在培训现场对员工进行成功的指导和观察/反馈。要成为高瞻认证机构，机构所有骨干保教人员必须是高瞻认证教师，而且必须与一位高瞻认证培训师保持持续合作，同时机构必须在《学前教育机构质量评价系统》班级层面和机构层面的条目上获得高分。通过认证帮助教师规划自己的持续性专业发展之路，既是教师基于工作岗位的持续进阶发展，也是教师与机构的发展互惠。

综上，高瞻课程模式通过主动参与式学习培训和严格的认证方法，帮助教师胜任专业岗位和持续岗位进阶，进而为儿童发展、教师发展和机构/园所发展提供持续的质量保障。

四、借鉴高瞻课程模式经验与建构中国本土幼儿园课程模式

（一）借鉴的理论基础与思考：明晰我国幼儿园课程借鉴历程与本土化阶段重点

英国著名学者戴维·菲利普斯（David Phillips）就国际教育政策和教育实践借鉴提出教育借鉴理论和教育借鉴模型，旨在帮助人们更好地理解和解释教育借鉴的复杂过程，并不限定于教育政策领域。教育借鉴过程包括跨国吸引、决策、实施、内化或者本土化等4个阶段。其中，跨国吸引阶段主要用来解释一个国家会被另一个国家的教育政策和实践吸引的内在动力和外化潜力分别是什么；决策阶段主要解答的问题是外国教育产生的吸引力如何作用于本国的教育决策和实践；实施阶段的重点在于说明从别国借鉴而来的教

育政策或实践是如何在本国施行的；内化或本土化阶段则指外来的政策或实践逐渐融为本土教育体制的一部分。可以说，我国幼儿园课程从无到有的百年历程就是一个向外国不断借鉴的过程——从"以日为师"到"以美为师"到"以俄为师"，再到新一轮的"以美为师"——而且都或完整或不完整地经历了跨国吸引、决策、实施、内化或者本土化这4个阶段。4个阶段中内化或本土化阶段一直是我国幼儿园课程关注和思考的重点。陈鹤琴先生曾针对20世纪二三十年代"中国幼儿教育美国化"问题，指出：当时中国所有的幼儿园，差不多都是美国式的。这并不是说美国化的东西是不应当用的，而是因为两国国情上的不同，不应当完全模仿。尽管在美国是很好的教材和教法，但是在我国采用起来到底有许多不妥当的地方。要晓得我们的小孩子不是美国的小孩子，我们的历史、我们的环境均与美国不同，我们的国情与美国的国情又是不一样的，所以他们视为好的东西，在我们用起来未必都是优良的。

特别是自20世纪80年代以来，我国幼儿园课程改革的历程更是一个西方幼儿园课程模式"你方唱罢我登场"的热闹局面，从蒙台梭利教育法，到瑞吉欧的方案教学，再到光谱方案和高瞻课程模式，这些课程模式都曾在中国产生影响并红极一时，而且无一例外，这些课程模式都在进入中国以后进行了本土化实践，同时也面临着本土化的困境。我们在经历跨国吸引并向外求索的过程中，获得了很多关于走向本土化的经验，也有不少教训。面对这种情况，运用教育借鉴理论理解高瞻课程模式成功经验的同时，我们必须继续高度关注和重视课程本土化阶段的重点问题，即如何借鉴高瞻课程模式的主要经验，特别是如何将高瞻课程模式的主要经验有效地融入创造我国本土化幼儿园课程模式和幼儿园教师培训模式的过程之中，并有效促进本土幼儿园课程模式和幼儿园教师培训模式的建构和发展。

（二）内化的时代背景与预期：时代之问和建构本土幼儿园课程与教师培训模式

党的十八大以来，国家高度重视发展教育事业，围绕培养什么人、怎样培养人、为谁培养人这一根本问题做了一系列的尝试、探索与努力，教育事业的中国特色更加鲜明，教育的国际影响力快速提升，人民群众在教育方面的获得感明显增强，人民的思想道德素质和科学文化素质全面提升。在此背景下，要将高瞻课程模式的有益经验有效地融入到我国本土化幼儿园课程模式与教师培训模式之中，就需要在明晰高瞻课程模式主要经验的基础上了解本土时代背景与预期，将高瞻课程模式的主要经验与中国新时代需求和国家教育事业发展预期相结合，以回答时代之问，实现时代预期，与时代同频共振。

培养什么人、为谁培养人，是教育的首要问题。因为我国是中国共产党领导的社会主义国家，这就决定了我们的教育必须把培养社会主义建设者和接班人作为根本任务，培养一代又一代拥护中国共产党领导和我国社会主义制度、立志为中国特色社会主义奋斗终身的有用人才，这是教育工作的根本任务与根本目标。为了实现这一目标，就需要在怎样培养人上下功夫，以"九个坚持"为基本原则，在坚定理想信念、厚植爱国主义情怀、加强品德修养、增长知识见识、培养奋斗精神、增强综合素质上下功夫，树立健康第一的教育理念，全面加强和改进学校美育，弘扬劳动精神。通过健全立德树人落实机制，扭转不科学的教育评价导向，从根本上解决教育评价指挥棒问题。这些是教育需要回答和解决的新时代问题，也是我国本土化幼儿园课程模式和幼儿园教师培训模式建构过程的核心追求，更是对本土核心价值观、本土教师教育观的明确与落地。

我们需要贯彻本土核心价值观以实现建构本土幼儿园课程模式的预期。经过 40 余年的改革开放，中国学前教育在借鉴和探索中已经彻底改变了 20 世纪 50 年代以来的幼儿园分科课程的模式，坚持以立德树人为根本任务，坚持扎根中国大地办教育，为培养德智体美劳全面发展的社会主义建设者和接班人奠定坚实基础已成为学前教育的首要目标，促进儿童的主动学习与全面发展已成为学前教育课程的最重要目标。如果我们能够在中西融会中不断吸纳优质的幼儿园课程模式的精髓，并站在本土立场上，不断地用核心思想理念、中华传统美德、中华人文精神等本土核心价值观去思考并建构自己的幼儿园课程模式，重视品德启蒙涵养和文化底蕴润泽；如果我们能够通过走近高瞻课程模式的理论与实践，不断地体悟如何在主动学习的活动中让儿童"具有高度的热情和广泛的兴趣"，涵养儿童的积极学习品质；如果我们能够通过了解高瞻课程模式的领域构成与关键发展指标，不断地感受课程内容蕴含的教育基因，在活动中培养德智体美劳全面发展的快乐中国娃；如果我们能够通过掌握高瞻课程模式的计划—工作—回顾过程，不断地思考如何开展符合儿童年龄特点和学习方式、遵循儿童发展规律与学习规律的课程过程设计，聚焦过程质量，提升保育教育水平；如果我们能够把关于幼儿园课程模式的思考和实践与关于幼儿园课程评价模式的思考和实践紧密地结合起来，不断地推动幼儿园课程评价模式走向情境性评价、过程性评价和发展性评价；如果我们能够把幼儿园课程模式的建构与幼儿园教师的专业发展有机地结合起来，不断地促进幼儿园课程模式建构与幼儿园教师专业发展走向一体化……，那么我们就会更快形成具有中国特色、中国风格的幼儿园课程模式，并以自己的课程价值、结构和路径等丰富当今世界多元化的幼儿园课程。

我们需要树立本土教师教育观以实现建构本土幼儿园教师培训模型的预期。形成本土教师教育观并构建发展适宜性的本土幼儿园教师培训模型，是当今我国学前教育高质量发展的当务之急和重中之重。我们应切实提升幼儿园教师质量并基于此为提升幼儿园教育教学质量付出努力。学习高瞻课程模式的理论模型和实践模型，并基于此进行幼儿园课程改革与幼儿园教师教育课程改革的研究后，我们不禁要发问：脱离幼儿园实际岗位任务的新教师培训是否有效？脱离幼儿园实际工作情境的新教师培训是否有效？脱离园所发展规划和教育教学实际的新教师培训是否有效？脱离区域学前教育发展规划和教育教学实际的新教师培训是否有效？我们还要继续发问：拿什么对幼儿园教师进行培训才有针对性和适切性？拿什么对幼儿园新教师进行培训才有针对性和适切性？如何对幼儿园教师进行培训才有实效性和持续性？如何对幼儿园新教师培训才有实效性和持续性？园长专业领导力的核心是什么？

园长专业领导力如何体现在对幼儿园课程的领导和基于课程领导的教师领导上？园长在新教师专业胜任力发展中到底应该扮演何种角色以及如何扮演这种角色？园所整体教育教学质量如何提升？区域学前教育质量提升的关键问题到底是什么？教育行政部门应该抓何种关键问题以及如何抓住这些关键问题，以切实提升区域学前教育质量，并让区域学前教育质量提升成为可持续的整体性、差异化的教育教学改革行动？这些问题都真真切切地困扰着我们今天的学前教育理论研究者和实践工作者。幼儿园教师及园长培训"是什么"，决定着将要如何定位幼儿园教师及园长的培训；"为什么"开展幼儿园教师及园长培训，决定着我们要不要安排、应该如何安排幼儿园教师及园长的培训；幼儿园教师及园长培训"如何开展"，决定着我们设计怎样的教师和园长的培训课程。这些问题都已经变成我们负责任地担当明天的真问题和给出解决方案的开始。我们应当明晰幼儿园教师和园长培训的目标和定位，找准靶向才能更好开展理论探究和实践培训；我们应当设计幼儿园教师和园长培训的课程和内容，明确靶心才能更好促进教师"加深专业理解""解决实际问题"和"提升自身经验"。因而，借鉴高瞻课程模式对于幼儿园教师培训的思考，我们应当关注提升幼儿园教师的岗位胜任力，提升幼儿园教师研究和开展保教活动的能力，提升幼儿园教师研究儿童并支持儿童德智体美劳全面发展的能力，并形成本土幼儿园教师培训模型，这是影响幼儿园教师队伍质量的关键，是影响幼儿园教育质量提升的关键。让培训有效定将让教育高效，促教师培训建设必将促教育质量提升。

（三）课程的方向整合与进阶：为我国幼儿园课程质量提升提供系统性的理论思考

在当今建设高质量学前教育体系并持续推进"幼有所育""幼有全育""幼有善育"的形势下，在当今建构高质量幼儿园教育评估体系并持续推进"科学评估""以评促建"的形势下，我国幼儿园课程体系建设亟待科学有效的"方法论"指导。该"方法论"的核心要义即重视课程横向内容整合和纵向发展进阶，建构支持儿童全面发展的课程目标体系和条件体系，以及支持儿童持续进阶的课程过程体系和评价体系，并依据儿童自身的学习方式与发展特点，将目标、条件、过程和评价体系进行一体化设计，为课程目标定位、课程条件保障、课程过程展开和课程效果评估"立柱架梁"，引领中国学前教育走出"简单小学化"和"表面游戏化"的低质量误区，走向"目标有准度""条件有精度""过程有深度"和"评价有效度"的学前教育高质量发展道路。

首先，在幼儿园课程建设上应重视横向课程目标整合并将整合目标嵌入课程条件中，建构支持儿童"主动学习""社会学习""思维学习""经验学习"的课程目标和课程条件体系。在《3—6岁儿童学习与发展指南》所提出的五大领域关键经验学习目标基础上，借鉴高瞻课程模式的主要发展领域及关键发展指标，突出重视儿童的学习品质，帮助儿童学会主动学习，在活动过程中培养其积极态度和良好行为；还应突出强化儿童的德行文蕴，帮助儿童获得文化润泽，在活动过程中涵养优良习惯、互助友爱和爱家爱国等品质。此外，还需重点关注儿童的思维方式，帮助儿童提升思维品质，在活动过程中拓展其具体形象思维并助力抽象逻辑思维的萌芽，以此形成德行文蕴、学习品质、关键经验、思维方式四维目标整合的幼儿园课程目标体系。横向目标的整合，意味着儿童发展四维目标及相应课程内容不是泾渭分明、相互割裂的，而是阡陌交错、系统整合的，并且整合后的目标有机嵌入到支持儿童有效学习的课程条件中，体现在教师为儿童提供的材料和直接感知、实际操作、亲身体验的活动情境中，从儿童发展的整体性、全面性视角提供适宜的课程目标体系和条件体系。

其次，在幼儿园课程建设上应重视纵向进阶设计并在进阶过程中展开效果评价，建构支持儿童"主动学习""进阶学习""合作学习""联想学习"的教学过程和教育评价体系。我们应在《幼儿园保育教育质量评估指南》的引领下，探索儿童各领域学习与发展规律，了解不同年龄段儿童各领域发展特点及最近发展区，借鉴高瞻课程模式的关键发展指标进阶设计及鹰架策略，依据科学确立的指标体系，客观设计儿童思维的发展进阶路径，科学评价儿童在某一领域的学习达到了怎样的进阶水平，还应明确一般教学策略、具体教学策略等鹰架策略，支持儿童向着更高水平持续进阶学习。纵向进阶的设计，意味着我们不仅要明确儿童各领域发展的方向，更要明确儿童发展的阶段和具体的台阶，还要明确支持儿童逐级上台阶的有效支持策略和儿童的预期行为表现，以儿童发展的关键指标及其进阶水平作为设计评价工具的依据，在真实的活动情境下，在教师支持儿童逐级进阶的过程中，观察与评价儿童的典型行为表现，从儿童发展的阶段性、个性化视角提供有效的课程过程体系和评价体系。

最后，在幼儿园课程建设上还应重视课程评估与课程模式一体化建设，秉持科学评估、以评促建的原则，推动课程目标、条件、过程及评价的一体化改进。《幼儿园保育教育质量评估指南》所倡导的科学评估、以评促建指引了幼儿园课程评估与课程模式建设的方法和路径。借鉴高瞻课程模式的儿童发展评价、机构质量评价策略及工具，我们应立足儿童发展的角度开展科学评估，牢固树立儿童为本的理念，站稳培养什么人、为谁培养人的国家立场，深入研究儿童的全面发展目标和科学发展路径，以形成科学评估的目标体系、方法体系及系列工具。我们还应立足课程建设的角度，以评促建，依据培养什么人、为谁培养人的导向建构幼儿园课程的目标体系并评价其价值性质量；依据目标体系建构幼儿园课程的条件体系并评价其条件性质量；依据过程性评价的要求及儿童发展进阶设计重构幼儿园课程的过程体系建设并评价其过程性质量；依据幼儿园课程所达成的儿童发展、教师发展和园所发展等生态效果评价其结果性质量。总而言之，就是力图通过价值性质量、条件性质量、过程性质量和结果性质量的评价，促进幼儿园课程的目标、条件、过程和结果建设，走向"目标质量讲意义""条件质量讲意图""过程质量讲意思""结果质量讲意蕴"的高质量幼儿园课程建设新征程。

（四）教师的培养培训与设计：为我国幼儿园教师能力提升与持续发展提供方向参考

百年大计，教育为本；教育大计，教师为本。在当前高质量学前教育体系建设、高质量幼儿园教育评估体系建设和高质量幼儿园课程体系建设的背景下，在当前造就党和人民满意的高素质专业化创新型教师队伍的背景下，在当前教师队伍建设存在"不能完全适应新方位、新征程、新使命的要求""有的教师素质能力难以适应新时代人才培养需要，思想政治素质和师德水平需要提升，专业化水平需要提高"的背景下，我国幼儿园教师培养培训体系建设亟待有所作为。

首先，关注幼儿园教师的岗位胜任力是幼儿园教师培养培训的抓手与基础。岗位胜任力是一系列影响岗位工作绩效的个人特征要素的集合，包括与工作或工作绩效或生活中其他重要成果直接相似或相联系的知识、能力、特质或动机。学习借鉴高瞻课程模式重视教师岗位胜任力的基本经验，我们应该基于幼儿园的实际岗位任务、幼儿园实际工作情境、园所发展规划和教育教学实际、基于区域学前教育发展规划和教育教学实际开展教师的培养培训。幼儿园教师是在幼儿园情境中从事教师岗位工作的专业人员，保育与教育是其最基础、可观察、易评估的外显的岗位能力。因此，保育与教育应该作为幼儿园教师岗位胜任力培养培训的重要内容。保育重视身心安全与健康，旨在帮助儿童建立合理生活常规，养成良好的生活卫生习惯，发展自我服务的意识与能力；教育重视在保育基础上的德智体美劳全面发展，旨在以游戏为基本活动，发现和支持儿童有意义的学习，强化家园社协同育人，促进儿童各方面在原有水平上不断进阶。保育、教育是共生共长的关系存在，教育的开展需要保育提供基本保障，保育的开展需要教育提供引领支持，促进儿童的全面和谐健康发展是保育和教育的共同追求。

其次，关注幼儿园教师的内生学习力是幼儿园教师培养培训的本质与核心。内生学习力是一种内在的、通过不断获得与应用知识技能来调整和改变人们工作生活状态的持续能力或能力系统，包括接纳力、探究力、转换力、反思力等。学习借鉴高瞻课程模式重视教师持续岗位进阶的基本经验，我们应该基于幼儿园教师岗位胜任力的持续提升、幼儿园发展规划的持续稳定迈进、区域学前教育质量的持续提升开展教师的培养培训。幼儿园教师是具有主动学习愿望和动力的自给自足的专业人员，研究与支持儿童是其最核心、最本质、有挑战的内在的学习能力，因此应该作为幼儿园教师内生学习力培养培训的重要内容。研究与支持主要包括儿童学习研究与支持、个体差异研究与支持、行为观察、发展评价与激励等内容，以在了解儿童、研究儿童的基础上支持儿童主动学习与全面发展。研究与支持是互依互促的关系存在，进行儿童研究是为了不断加深对儿童的理解与认识，是为了更好地支持儿童，而支持儿童的方式方法和策略则需要科学有效的研究支撑。不断发现"儿童的秘密"并持续在理论上解密、揭密，在实践中探密、寻密，是儿童研究与支持的共同的期待。

最后，幼儿园教师培养培训的方案设计应该尝试"反向设计、正向施工"。在明晰幼儿园教师岗位胜任力和内生学习力指向的基础上，结合《幼儿园保育教育质量评估指南》的评估内容，培养培训应该在幼儿园的真实活动场景或活动样态中，提升幼儿园园长和（准）教师包含卫生保健、生活照料、安全防护的保育与安全能力，包含活动组织、师幼互动、家园共育的教育过程能力，包含空间设施、玩具材料的环境创设能力等岗位胜任力，包含学习研究与支持、个体差异研究与支持、行为观察、发展评价与激励等内生学习力，包含党建工作、品德启蒙、科学理念的办园方向把握，包含人员配置、专业发展、激励机制的教师队伍建设等园长领导力。"反向设计"是以终为始，以评促建；"正向施工"是目标导向，迈向结果达成。"反向设计、正向施工"的培养培训方案设计有助于提升培养培训的针对性和有效性，有助于创新幼儿园教师培养培训模式，有助于优化幼儿园教师培养培训课程体系，突出岗位胜任力和内生学习力，以精准解决教师专业学习与发展中存在的问题，也有利于提高资源的利用效率。

（五）大学的今日责任与担当：为我国学前教育质量提升贡献可操作的实践模型

大学面对当今学前教育的形势与任务，责任何在？担当何在？我们要躬身自问：大学可以为"难以走出小学化误区"的幼儿园课程与教育教学改革贡献些什么？为"难以走出讲授式误区"的幼儿园教师培训课程与教育教学改革贡献些什么？为"难为无米之炊的空谈式园本教研"的幼儿园园长专业领导力提升贡献些什么？为"急于凝志聚力切实提升学前教育质量"的教育行政部门贡献些什么？

我们躬身自问的时候，应该如"吾日三省吾身"般持续地深度内省：大学能否贡献出一线幼儿园课程改革和教育教学改革的实践方案——具有方向性、实操性、系统性、迭代性和教师友好性、可评价性、可反思性的幼儿园"课程"或"课"与"程"，幼儿园教师可直接使用并可持续迭代的幼儿园集体教育活动、个别教育活动和生活教育活动？

大学能否贡献出一线幼儿园教师培训课程改革和教育教学改革的实践方案——具有方向性、实践性、反思性的教师培训模型，具有引领性、实操性、园本性的园长提升范式？能否贡献出"主题导向，任务驱动"的幼儿园教师教育新范式，如支持幼儿园教师教育走向加深专业理解、解决实际问题、积累自身经验的专业胜任力提升的"三步走"岗位适宜性培训模型？

大学能否贡献出一线园长专业领导力提升特别是园长课程领导力和教师领导力提升的实践方案——具有引领性、实操性、园本性的"园长为纲、纲举目张"的幼儿园园长专业领导力提升新范式，如切实支持幼儿园园长凝聚共识、分布领导、个人实践、集体反思和有效支持的园本教研新范式？

大学能否贡献出以区域教育行政部门为核心和纽带，以幼儿园为实际参与者、行动者和获得者的大学—区域—幼儿园伙伴关系的新范式，以切实提升区域内幼儿园教育教学质量、教师培训质量、园所整体质量以及区域整体学前教育质量？

回答应该是"能"！我们也愿意在政策研究和理论研究的同时，对学前教育实践问题给出正能量、接地气和可操作的正面回答和回应。

为贯彻落实《中共中央 国务院关于学前教育深化改革规范发展的若干意见》精神，大力加强幼儿园教师队伍建设，完善教师培养体系，健全教师培训制度，提高教师专业水平和科学保教能力，提高教师职业素养，基于对当前《3—6岁儿童学习与发展指南》"落而不实"的现状、理解《幼儿园保育教育质量评估指南》的价值追求和方向引领的现状、当前我国幼儿园教师培训"针对性不强"的现状等的了解以及对解决方案的探寻，基于对国际国内学习共同体建设的理解、研究与行动方案的设计，基于对国际国内大学—政府—幼儿园合作培训模式的理解、研究与行动方案的设计，我们应该以指向落实《3—6岁儿童学习与发展指南》《幼儿园保育教育质量评估指南》的幼儿园课程的实际运行为抓手，以提升幼儿园新教师岗位适应能力为直接目标，切实推动适宜中国国情的幼儿园教师培训模型的构建，从而迈向幼儿园课程发展和教师专业发展一体化的新思路和新行动。

首先，我们应设计并开发基于《3—6岁儿童学习与发展指南》《幼儿园保育教育质量评估指南》的幼儿园教育教学活动或幼儿园课程。我们以落实《3—6岁儿童学习与发展指南》提出的奠基儿童后继学习和终身发展、重视儿童的学习品质和关键经验，以及《幼儿园保育教育质量评估指南》提出的关注儿童品德启蒙为愿景，设计并开发首要目标为浸润儿童的德行文蕴、涵养儿童学习品质，共同目标为帮助儿童获取关键经验，重视过程质量并关注儿童与环境、教师、同伴等互动，聚焦班级观察的集体教育教学活动——希望帮助幼儿园解决走出"小学化"误区以后，幼儿园集体教育教学活动往何处去的实际问题，走出一条切实帮助儿童主动学习、合作学习、创造性学习的幼儿园课程建设道路。

其次，我们应设计并开发基于幼儿园课程的幼儿园教师培训模型。我们以落实《教育部关于深化中小学教师培训模式改革 全面提升培训质量的指导意见》提出的解决培训针对性不强、内容泛化、方式单一、质量监控薄弱等突出问题，教育部《幼儿园新入职教师规范化培训实施指南》提出的通过规范化培训提升新教师岗位胜任力和内生学习力的精神为愿景，设计并开发首要目标为提升幼儿园教师岗位胜任力、共同目标为帮助教师提升内生学习力的"三步曲"培训活动，即"集中体验培训""基地浸润培训""返岗实践培训"，希望帮助地方政府解决幼儿园教师培训"小学化"，甚至"大学化"的问题，走出一条切实帮助教师加深专业理解、解决实际问题、提升自身经验的幼儿园教师培训道路。

再次，我们应设计并开发基于幼儿园课程领导、幼儿园教师领导的幼儿园园长培训模型。我们以落实《幼儿园园长专业标准》中提出的突出园长的领导力和执行力，坚持在不断的实践与反思过程中提升专业能力的理念为准则，设计并开发首要目标为建设一支业务精湛的园长队伍，共同目标为帮助园长提升专业领导力的培训模型，即以园本教研共同体（professional learning community，PLC）为抓手促进领导力提升，希望帮助地方政府回答"园长培训的内容如何设置""园长培训的方式如何选择""园长培训质量如何保障"的实际问题，走出"精选培训内容、改进培训方式、强化监管评价"的园长培训道路。

最后，我们应设计并开发基于课程领导、教师领导、园长领导一体化的区域学前教育管理和提升模型。我们以落实《教育部等四部门关于实施第三期学前教育行动计划的意见》提出的加强幼儿园质量监管和业务指导、各省市建立完善幼儿园质量评价体系的要求为准则，设计并开发首要目标为提升学前教育质量，共同目标为帮助地方政府获取管理效能的"三位一体"的教育管理和提升模型，即"课程领导""教师领导""园长领导"，希望帮助地方政府管理者解决"区域学前教育管理往何处去""区域学前教育质量如何保障"的实际问题，走出切实帮助区域行政部门形成以课程建设为中心，以教师专业发展和园长领导力提升为两个基本点的区域学前教育管理道路。

学习和借鉴高瞻课程模式半个多世纪如一日持续进行课程研究和教师培训研究的做法，我们上述所有的工作都已经切实启动，我们的理解和追求正在也已经变成行动——我们正走在基于设计提升中国幼儿园课程质量和幼儿园教师培训质量，将提升中国幼儿园课程质量和幼儿园教师培训质量一体化，从而提升中国学前教育质量研究的前行之路上。

学前教育是终身教育的开端，是基础教育的基础，是国家教育体系中不可或缺的重要一环。站在新的历史起点上，我们已经认识到"文化是民族的血脉，是人民的精神家园"。只有进行文化的传承与创新，才能凝聚和激发一个民族的活力和创造力。作为学前教育研究者，我们有责任和义务在中华民族文化所具有的独特魅力和历史土壤中，在充分认识学前教育重要价值的基础上，在借鉴国外优秀幼儿园课程模式的同时，理性思考学前教育的价值、幼儿园的本质、幼儿园课程开发和幼儿园教师专业发展等新时期的重大问题，致力于开启一个建构具有民族文化底蕴、与时代精神接轨的幼儿园课程模式和幼儿园教师专业发展模式的新时代。在新的征程中，让我们一同：

聚焦时代话题，站稳中国立场，博古通今寻高质量学前教育改革之"道"；

强化目标导向，谋绘生态图谱，以终为始觅高质量学前教育研究之"法"；

运用系统思维，规范研究范式，立柱架梁探高质量学前教育发展之"术"；

检视多元证据，淬炼科学结论，循序循证索高质量学前教育评测之"器"。

北京师范大学　霍力岩

2023 年 1 月 5 日

本书译者前言

超越简单功利主义，为人类可持续发展
涵养幼儿的积极学习品质

近年来，中国的学前教育事业迎来了巨大的发展机遇，社会对学前教育的重视不断提高，需求不断增加，学前教育也在"量"上有扩张。但在追求"量"的扩张的同时，更要保证"质"的提高，要避免陷入片面追求知识和技能的"小学化误区"。联合国教科文组织明确提出，"应将以下人文主义价值观作为教育的基础和宗旨：尊重生命和人格尊严，权利平等和社会正义，文化和社会多样性，以及为建设我们共同的未来而实现团结和共担责任的意识"[①]。并指出，"人文主义方法让教育辩论超越了经济发展中的功利主义作用，……以实现所有人的可持续发展"[②]。在这样的背景下，重温《3—6岁儿童学习与发展指南》（以下简称《指南》）中明确指出的"忽视幼儿学习品质培养，单纯追求知识技能学习的做法是短视而有害的"这句话，感触甚深，也深感作为学前教育的专业研究人员，应该在"办好学前教育"的历史时期，勇敢地承担起超越简单功利主义，为人类的可持续发展承担起涵养积极学习品质的专业责任和历史责任。

---

① 联合国教科文组织. 反思教育：向"全球共同利益"的理念转变？[M]. 联合国教科文组织总部中文科，译. 北京：教育科学出版社，2017：30.
② 同上，29.

一、为什么译介这本关于学习品质的书籍

（一）学习品质是幼儿终身学习与发展所必需的宝贵品质

"重视幼儿的学习品质"是《指南》对新时期学前教育发展方向提出的要求。《指南》明确指出，应当"重视幼儿的学习品质。幼儿在活动过程中表现出的积极态度和良好行为倾向是终身学习与发展所必需的宝贵品质。要充分尊重和保护幼儿的好奇心和学习兴趣，帮助幼儿逐步养成积极主动、认真专注、不怕困难、敢于探究和尝试、乐于想象和创造等良好学习品质。忽视幼儿学习品质培养，单纯追求知识技能学习的做法是短视而有害的"。

学习品质，英文习惯用"approaches to learning"来表达。国际学前教育领域一直对学习品质十分重视。家庭、社会、一线早期教育工作者、研究者、政策制定者都越来越倾向于将"学习品质"视作儿童学习、入学准备的一个相当重要和关键的领域。[1]1991 年，美国国家教育目标委员会将学习品质与身心健康与动作发展、社会与情感发展、语言发展、认知与通识知识发展并列为幼儿早期学习与发展的维度。在美国 52 个州的早期儿童学习标准中，有超过 27 个州将学习品质的发展纳入评价范围。这无不说明了美国对于学习品质培养的重视。美国著名学者马里奥·希森博士在其著作《热情投入的主动学习者——学前儿童的学习品质及其培养》（*Enthusiastic and Engaged Learners*）[2]中强调了对学前儿童的学习品质进行培养的重要性，并指出，积极的学习品质具有内在价值，是学习的基础，也是影响其他各个领域发展的重要因素。近年来，学习品质在国内也逐渐成为热门话题，这不仅是因为学习品质能够影响儿童的学习成绩，更是因为学习品质是"儿童社会性、情绪、认知发展及其交互作用的核心"[3]，是实现终身学习与发展的必备品质。

教育的效果不能仅仅依靠当时当下知识与技能的掌握情况来评判。如果

---

[1] 鄢超云. 学习品质：美国儿童入学准备的一个新领域 [J]. 学前教育研究，2009（4）：9-12.

[2] 马里奥·希森. 热情投入的主动学习者——学前儿童的学习品质及其培养 [M]. 霍力岩，房阳洋，孙蔷蔷，译. 北京：教育科学出版社，2016：30-36.

[3] 鄢超云. 学习品质：美国儿童入学准备的一个新领域 [J]. 学前教育研究，2009（4）：9-12.

说知识与技能的传递在某种程度上是"授人以鱼",那么学习品质的培养则是"授人以渔"。马里奥·希森将学前儿童的学习品质分为"对学习的热情"和"学习中的投入"两个维度,这与《指南》当中提出的"积极态度和良好行为倾向"有异曲同工之妙。"对学习的热情"概括的是态度层面,即对学习的内在动机与积极情感;"学习中的投入"概括的是行为层面,即对学习的良好行为倾向与学习习惯。从学习态度的角度考虑,积极学习品质帮助幼儿在面对学习任务或问题困难时,能够保持充足的内在学习动机,具有学习与挑战的愿望。从学习行为的角度考虑,积极学习品质是幼儿良好行为习惯的外显,比如遇到问题时幼儿能够不怕困难、不断尝试,真正专注于问题解决的探究过程。思想引领实践,行为是思想之映射。因此,积极的态度引起了良好的行为,良好的行为反映了积极的态度。不论态度维度还是行为维度,保护和培养幼儿的学习品质都具有深远且重大的意义。单纯的技能学习可能会出现如下问题:幼儿不能够将所学的内容或技巧应用到解决实际问题的过程中;幼儿亦不能够将学习的方法进行迁移,以学习新的内容,并在新旧经验之间建立联系。

(二)学龄前阶段是涵养学习品质的重要时期

易经有云,"蒙以养正,圣功也"。"蒙,昧也。物生之初,蒙昧未明也。"学龄前阶段的幼儿,其思维是具体形象的,相比人生的其他阶段,此时的儿童处于蒙昧期,一切都在蓄势待发。这一阶段正是涵养幼儿学习品质的重要时期,换句话说,这一时期培养幼儿的学习习惯和良好行为的养成,就是"养正",是"作圣之基"。正如一座高楼能够高耸入云、屹立不倒,是因为有牢固的地基。在学龄前阶段进行学习品质的涵养,就是在帮助幼儿奠定人生之基。

学龄前阶段的幼儿从好奇事物"是什么",到好奇事物"为什么",他们善于观察生活中的现象,对生活中的一切感到新奇,并产生想要探究的愿望。这正是幼儿积极学习品质的萌芽。成年人往往囿于现实因素,忽视了身边值得探究的现象,不再有探究的兴趣。但相比成人对一切司空见惯的态度,幼儿总是用好奇的眼光打量着生活中的一切现象。因此,这一阶段绝不应该向幼儿灌输超越年龄特点和发展限度的知识技能，这种做法可能会因为超出幼儿的接受能力致使幼儿感到强烈的挫败感，从而失去对学习的兴趣与勇气。在这一阶段，成人应当因势利导，保护幼儿的好奇心，发展幼儿的探究欲望，鼓励幼儿的创新与创造。已有研究表明，让学龄前儿童养成良好的学习品质，对其学习科学也有积极的影响，比如能促进儿童进行科学探究操作，掌握因果关系、力和运动等科学知识与概念。[①] 学龄前儿童受到年龄和发展规律的影响，注意力持续时间较短，注意力转换较为频繁，因此成人应当尝试支持幼儿对感兴趣的事情进行持续探究，并在探究过程中保持适宜其年龄特征的时间长度。学龄前阶段，特别是4—6岁阶段，是幼儿合作学习能力快速发展的阶段，教师和其他成人应当创设合作学习的机会，以便幼儿在合作解决问题的过程中逐步提升社会性、情感及交流沟通的能力。

（三）学习品质需要在行而有效的教师支持下逐步培养

"坐而论道不如起而行之"，这是在说行动的重要性。对于涵养幼儿学习品质来讲亦是如此。幼儿的学习品质是在参与性活动中体现并培养的，教师在培养幼儿学习品质的过程中扮演着重要的角色。[②] 一项基于60所幼儿园、1882名幼儿的研究表明，高质量的教室环境能够促进幼儿积极学习品质的培养，特别是教师营造的情感氛围，与幼儿的学习策略和专注性具有正向关系。[③] 这进一步说明幼儿学习品质的培养需要教师的系统化支持。那么，教师应如何在师幼互动中支持幼儿的学习品质？如何在材料提供上帮助幼儿深入探究？《学习品质：关键发展指标与支持性教学策略》一书响应了现实的呼唤与教师的需求。高瞻课程模式作为植根于美国、生长于美国的课程，今日

---

① Bustamante, A.S., White, L. J., Greenfield D. B.. (2017) Approaches to learning and school readiness in Head Start: Applications to preschool science. *Learning & Individual Differences*, 56, 112–118.

② Chen, J.Q., McNamee, G.D.. (2011) Positive Approaches to Learning in the Context of Preschool Classroom Activities. *Early Childhood Education Journal*, 39 (1): 71–78.

③ Hu, B.Y., Teo, T., Nie, Y., & Wu, Z.. (2017) Classroom quality and Chinese preschool Children's approaches to learning. *Learning & Individual Differences*, 54: 51–59.

已成为国际上传播与应用范围最广泛的课程之一。高瞻课程模式小组核心人员对学习品质的研究已经日臻成熟，并形成了阶段性成果，他们所提出的学习品质培养策略与建议是经过实践检验与认证的，具备传播价值和操作上的意义。

学习品质的涵养需要教师提供科学、系统的支架。在以往的教育教学实践过程中，教师可能存在更加注重幼儿技能技巧发展的误区。也可能教师关于学习品质的认识和态度正在发生转变，但从行为上真正有效支持幼儿学习品质发展的能力和策略尚不足。教师无意间营造的学习氛围或提供的学习材料，也许为幼儿积极学习品质的发展提供了支架，但教师尚未有意识地进行梳理、反思以实现自我提升。这些都说明，教师同样需要切实有效的指导与支架，进而对涵养学习品质这一任务实现从理念到行为的转变。《学习品质：关键发展指标与支持性教学策略》一书便承担了这一任务，它能够转变教师的观念，加深教师对学习品质意义、价值、发展规律、影响因素等的理解，同时能够指导教师在适宜的行动中科学地涵养幼儿的学习品质，以解决教师在日常教育教学过程中遇到的难题。最后，《学习品质：关键发展指标与支持性教学策略》一书在论述完每一关键发展指标之后所呈现的鹰架思路表能够有效地帮助教师梳理经验、反思教学实践，进而实现经验的提升。

二、本书的内容组成与特点

（一）结构清晰，逻辑严密

全书一共8章，章节之间的逻辑清晰，章节内部层次分明，整本书的逻辑十分科学严谨。第1章意在从意识上转变人们的观念，它指出了学习品质的重要性，认为学习品质是影响幼儿如何在每个领域学习的基础，甚至影响他们在整个成年生活中对掌握新知识和新技能的态度。第2章开始由态度转向行为，阐释了如何培养幼儿的学习品质。这部分内容采用总体叙述、分别细述的方式呈现。本章提出的一般性支持策略主张建立富有选择机会的物质环境以支持幼儿对材料、行为、观念和关系进行探索，创设允许幼儿表达多样学习风格与偏好的一日常规，以及给予幼儿用自己的方式进行学习的时间，在强调充分尊重幼儿的不同学习风格与偏好的基础上，由教师提供相应的探索材料，营造适宜的学习环境。

第3章到第8章则对每一项关键发展指标，即每一种学习品质（主动性、计划性、专注性、问题解决、资源利用、反思）进行了细致的介绍与描述。章节之间逻辑明确，同时，章节内容的层次也十分分明。关于学习品质发展规律的论述是从理念层面帮助读者系统地了解每一学习品质的内涵及表现。关于支持学习品质发展的教学策略的论述则从实践层面帮助读者掌握培养学习品质的路径，这部分内容具有十分重要的现实意义。每一章的最后是对学习品质发展状况的总结，帮助读者进一步纵向梳理学习品质的发展脉络，以及每一阶段教师可以采取的支持性策略。

（二）内容翔实，案例生动

《学习品质：关键发展指标与支持性教学策略》第1章明确了学习品质的重要性，以大量翔实的科学研究数据作为支撑，以体现克莱尔的聪明才智、马修的远见、柯蒂斯的坚持、沙马的主动性的逸事记录做补充，说明了学习品质对幼儿发展的影响，以及影响学习品质发展的要素。第2章在说明学习品质的一般性教学策略时从较为宏观的角度介绍了教师可以采用的策略，并在一般性策略后附上了相应的案例加以说明，如尼尔与乔西在娃娃家搭帐篷的例子，说明了支持材料的重要性。从第3章到第8章，每一章都详细介绍了一种学习品质，分别是主动性、计划性、专注性、问题解决、资源利用、反思，这些学习品质以高瞻课程模式中的关键发展指标形式出现。在每一章中，不仅介绍了学龄前阶段该学习品质的具体发展规律和路径，并且，这些章节提供了更为具体、细致、可操作的教师支持策略，并配有大量真实教育环境中幼儿学习的照片，更加清晰地呈现了幼儿积极学习品质的典型行为表现。每章的最后，在已有支持策略的基础上，更为细致地呈现了幼儿早期、中期、后期可能的行为表现，以及教师在与幼儿互动和游戏过程中能够采用的支持策略，并汇总成表格。全书包含大量真实的逸事记录，生动地说明、解释了何为幼儿的学习品质，各种学习品质的典型行为表现有哪些，教师是如何在真实的教育情境和场域中支持幼儿学习品质的发展的。生动的案例赋予了本书更为鲜活的生命力，也使得本书的受众群体更为广泛。对于家长和一线教师而言，生动的案例完美诠释了学理化的内容，增强了本书的可读性。对于研究者而言，翔实的案例是严谨的科学研究的调味剂，使得研究结果与表述更加亲切、真实。

三、本书给我们的主要启示

（一）学习品质的重要意义应该被进一步认识

正如本书开篇所讲，学习品质是幼儿通过不同的学习方式，以自身独特的态度、习惯与喜好进行的互动与探索。尽管学习品质表现出的态度和行为可能会有差异及不确定性，但有一点可以肯定，学习品质是影响幼儿如何在每个领域学习的基础，幼儿早期养成的学习品质决定着他们后期进入小学的学习态度，继而影响他们的整个人生。尽管学习品质这一概念被越来越频繁地提及，但人们也许并没有真正认识到学习品质的重要意义，甚至抱有"比起培养学习品质，更应当灌输知识、提升技能"的错误观念。的确，知识与技能的强制灌输确实能够带来短期的效果，但这有损于幼儿的可持续发展。

在科技与经济高速发展的现代社会，"学会学习"将成为个体应对社会飞速变迁的有效方法，也是个体在环境中不断同化与顺应，最终建构自我经验的重要途径。因此，教育者一直在呼吁社会各界严肃认真地对待学前阶段学习品质的培养工作。

（二）学习品质的内涵和外延应该被进一步探讨

《指南》从"积极态度"和"良好行为倾向"两个维度阐释学习品质的内涵。然而，究竟何种态度为积极态度？又有哪些行为表现属于良好行为倾向呢？除上述维度，是否有其他解释幼儿学习品质内涵的逻辑存在？学习品质的外延概念又有哪些？这些问题的存在都要求我们必须先搞清楚学习品质的内涵与外延。只有搞清楚学习品质真正的内涵与外延，方能够在幼儿展现出积极学习品质时予以肯定和支持，促进其学习品质的不断发展；方能够在幼儿学习品质发展遇到瓶颈时及时提供支架与引导。本书提到了学习品质的六项关键发展指标，分别是主动性、计划性、专注性、问题解决、资源利用、反思，除此六项关键发展指标外，与学习品质有关的概念和词汇是否还有遗漏，仍有待研究者进一步探讨。

（三）学习品质的发展路径应该被进一步研究

明晰了学习品质的价值及意义后，更需要关注的是学习品质的发展路径，即幼儿如何萌发积极的态度和良好的行为倾向，又如何将这些积极的态度和行为倾向逐渐发展为较为稳定、持久的内在品质。只有研究透彻学习品质的发展路径，才能够有针对性地提供支持策略，实现学习品质的逐步养成。

现有关于学习品质的研究中，指向其影响因素的研究较为丰富，如幼儿自身内在因素（如年龄、气质等）会影响学习品质的发展，幼儿所处的外界环境因素（如父母的教养方式、教师的指导方式等）也会影响学习品质的发展。但这些影响因素究竟以何种机制作用于学习品质的发展，在影响因素的正面或负面影响下，学习品质可能的发展路径以何种方式呈现尚未明晰。这也提醒我们，要基于日常教育、教学过程中对幼儿行为的观察与判断，通过严谨的科学研究，将幼儿学习品质的发展路径可视化、清晰化。

（四）积极学习品质的形成需要教师的专业支持策略

本书除了介绍学龄前阶段不同关键发展指标的特征与发展进程外，在每一种学习品质的关键发展指标下，还有很重要的一部分内容是教师的支持策略，包括一般性教学策略和有针对性的具体教学策略，并在相应内容的最后总结了每一项关键发展指标的支持策略表格。这说明，积极学习品质的形成仅靠幼儿自发、自由的探究还不够，还需要教师的专业支持策略。幼儿每天有近三分之一的时间在幼儿园，幼儿园是幼儿离开家以外最重要的教育场域。幼儿在园的一日生活常常划分为不同环节，如区域游戏、集体教育活动、户外活动、过渡环节等。教师对幼儿学习品质发展所提供的专业支持，应当贯穿于一日生活的各个环节中，并在各环节之间保持相对的一致性。总之，学习品质的形成主体是幼儿，但在幼儿形成学习品质的过程中，离不开教师的专业支持。

（五）学习品质应在系统设计的环境与活动中涵养

高瞻课程模式指出，教师应成为"有准备的教师"。在培养幼儿学习品质时，教师的准备体现在环境布置与活动开展中。

首先，环境布置包括宽松、自由、民主的学习氛围的营造，这种教育环境将使幼儿感到安全，更有益于保护幼儿的好奇心与学习兴趣。温馨的学习氛围能使幼儿意识到自己作为个体的价值与意义，可以有效支持幼儿探究的欲望。然而，幼儿是具体形象思维的，早期阶段的学习多基于幼儿的亲身体验与实际操作。这就需要教师提供数量适宜、种类丰富的开放性活动材料。材料的提供属于环境布置的一部分，实际上教师还需要考虑空间布局是否合理、时间与环节设定是否适宜等多种因素，以确保幼儿得到了支持其现有水平发展并适当拓展现有水平的策略。

除了环境的布置，教育、教学活动的实施也是培养幼儿积极学习品质的途径。教师应该设计并实施旨在培养幼儿积极学习品质的教育、教学活动，从教育的起点就为幼儿好奇心与学习兴趣的发展提供支架，为幼儿积极主动、认真专注、不怕困难、敢于探究与尝试、乐于想象和创造等良好学习品质的发展提供支架。幼儿园教师应该研究幼儿，并在研究的基础上有意图地支持幼儿的学习与发展，即对教师而言，"研究与支持"幼儿已经成为一项不可或缺的专业胜任力。这其中涉及教师观察幼儿、支持幼儿开展学习过程、为幼儿的个性化学习提供支架、评价幼儿等各项具体能力。这就需要教师在日常教育、教学中，熟知幼儿的年龄特点和发展规律，熟悉本班幼儿的个性化特质与背景，耐心细致地观察幼儿，将观察收集的数据作为开展相关教育、教学活动的依据和参照，并针对幼儿自身的发展节奏做适宜的评价。同时，这也要求教师敏锐地捕捉幼儿学习品质发展的契机，并通过调整活动内容、丰富活动形式，调动幼儿对于活动的兴趣，在探究过程中不断实现学习品质的发展。

面对世界从经济主义向人文主义的转型，教育专业研究者应该重新定义知识与经验、学习与发展、教育和教学——教育专业研究者应该研究如何超越单纯的功利主义和人力资本观念，呼吁学习与发展不仅关乎知识和技能，还关乎人格尊严和对生命的尊重，倡导教育要从涵养娃娃的积极学习品质和优秀品格、习惯做起，提倡用发展的眼光来审视幼儿的学习过程、发展历程及教师的教育过程，教师的专业发展和发展规律。我们应该着力研究良好的学习品质为何及如何成为儿童人生漫漫长路上不断前进的真正动力，教师的唤醒、引导、支持为何及如何成为儿童人生漫漫长路上不断前进的真正支架。我们还应当不断研究良好的学习品质应当如何被涵养，教师应如何提供有效支架并不断提升自身专业胜任力，以成为更为专业化的教育家型教师。

目　录

致　谢

《学习品质：关键发展指标与支持性教学策略》的出版汇集了许多人的智慧。我想感谢早期教育部门以及高瞻其他部门的工作人员，他们通力合作，创造了本领域的关键发展指标（KDIs），他们是：贝丝·马歇尔（Beth Marshall）、苏·盖斯莉（Sue Gainsley）、香农·洛克哈特（Shannon Lockhart）、波利·尼尔（Polly Neill）、凯·拉什（Kay Rush）、朱莉·霍尔舍（Julie Hoelscher）、埃米莉·汤普森（Emily Thompson）。上述同事中，贝丝·马歇尔和朱莉·霍尔舍特别拿出自己的时间和精力来阅读了本书的手稿。玛丽·霍曼（Mary Hohmann）的专业知识为高瞻课程模式中的多本图书提供了资料，她也为本书提供了详细的反馈。

本书中的发展性鹰架思路表描述了幼儿可能的行为和语言，以及成人应如何在不同发展阶段支持并适当扩展幼儿的学习，这些表格对本课程而言具有无法估量的价值。我很感激贝丝·马歇尔和苏·盖斯莉，我们在创造这些表格时缔结了深厚的工作友谊。通过把我们的独特经验带到这一充满挑战的过程中，我们从研究、教学、培训和政策的视角整合了有关幼儿发展和有效课堂实践的知识。

同样，感谢指导了本书编辑和出版的南希·布里克曼（Nancy Brickman）。特别感谢编辑本书的玛塞拉·费克图·韦纳（Marcella Fecteau Weiner），以及在本书出版过程中给予了全方位协助的凯蒂·布鲁克纳（Kaitie Bruckner）。我还要感谢以下使得本书从视觉上更具吸引力、更具可读性的工作人员：摄影师鲍勃·福伦（Bob Foran）和格雷戈里·福克斯（Gregory Fox），平面设计师朱迪·塞林（Judy Seling）（装帧设计）和卡祖克·萨克斯（Kazuko Sacks）（书籍出版）。

最后，还要真诚地感谢所有教师、培训者、幼儿和家庭，他们参与了高瞻课程和其他早期教育机构，为几十年来高瞻学前课程模式的创造性和可靠性做出了贡献。我希望在未来的许多年内，本书能继续支持幼儿学习品质的发展。

第1章
学习品质的重要性

❖ 什么是学习品质

学习品质描述了幼儿如何获取新知识及掌握技能。成人也总是在学习，例如，当我们搬到一个新的城市并开始要规划我们的上班路线，购买一个小电子工具并学习如何操作它，或遇见新的人并尝试和他们成为朋友时，我们都在学习。我们在与物体、事件和他人的互动中展现出的学习品质定义了我们是谁，以及我们如何与世界产生联系。

学习品质是影响幼儿如何在所有内容领域学习的基础。学习品质包含了幼儿在教室中的专注、动机和参与。研究者罗斯·汤普森（Ross Thompson，2002）认为，当幼儿对于发现问题的答案感到好奇、产生兴趣并感到自信时，他们能够最大化地从学习机会中获益。这一结论得到了其他许多研究人员的支持。例如，基于教师和家长等级评价的研究发现，入学时的学习品质能够预测整个小学阶段的阅读和数学成绩（Alexander，Entwistle，& Dauber，1993；Duncan，Claessens，& Engle，2005；Li-Grining，Maldonado-Carreño，Votruba-Drzal，& Haas，2010）。

幼儿以不同方式进行学习，每种方式都为他们的互动与探索带来了一系列独特的态度、习惯与偏好。幼儿的差异表现在他们持有积极的生活方式还是保守的生活方式，选择被问题困扰还是迎接挑战，提前做好计划还是随机应变，对新经验与想法持开放的态度还是抵制的态度等方面。成人必须考虑幼儿的个性特征以及幼儿一般性的发展趋势，因为成人既要支持幼儿的个体学习，还要支持整个班级的集体学习。

▦ 活动中的学习品质 ▦

工作时间，在娃娃家。当克莱尔①找不到婴儿衣服打扮她的娃娃时，她感到很失望。她的老师贝基说衣服送去清洗了，并询问克莱尔还可以用什么来代替。"我可以做衣服！"克莱尔热情地大声说。"我来拿纸。"她和贝基卷纸、剪纸并用胶带和纸裹住娃娃。又有两名幼儿加入她们。克莱尔花了很长时间剪裁小纸片，然后把它们粘在娃娃的脚上当作袜子。

工作时间，在积木区。马修正在为班级的宠物豚鼠瓦伦丁做一个围栏，他发现这个围栏缺了一个口子，这样宠物可能会逃脱。他便拿出一块大积木挡住了洞口。

清理时间，在艺术区。柯蒂斯看着地板上的泡沫塑料小碎片。他的老师香农好奇他会如何捡起它们。柯蒂斯说："我可以用扫帚和簸箕。"然后他到厨房区拿出了工具。清扫完后，他把碎片倒入了垃圾桶里。

在回顾时间，沙马描述了工作时间他在积木区做的事情："我自己一个人扑灭了火。我拿着软管喷洒化学品，直到火熄灭。"

幼儿园（preschool）②通常提供了幼儿在家庭以外的环境中最初的学习经历。因此，在早期幼儿如何进行学习将决定他们进入学校后对待学习的态度，

---

① 为了行文和阅读方便，本书不一一标注案例中出现的幼儿及教师的英文原名。——编辑注
② "preschool"在本书中译为幼儿园，在美国指为3—5岁幼儿提供的教育，类似于我国幼儿园的小班和中班，但实施混龄教育。有些托幼机构也把服务的起点向下延伸到婴儿看护服务。"preschool"在中文中无法找到完全对应的表达。——译者注

实际上，也会决定他们在整个人生中对待学习的态度。正如"活动中的学习品质"部分中的逸事所阐明的那样，通过理解如何支持这一领域的早期发展，成人可以促进幼儿养成如克莱尔的聪明才智、马修的远见、柯蒂斯的坚持和沙马的主动性等优良品质。

❖ 学习品质的要素

虽然幼儿的学习品质是教育的各个方面的核心，但这个发展领域并不容易界定和测量。美国国家教育目标委员会（National Education Goals Panel）（Kagan，Moore，& Bredekamp，1995）指出，学习品质包括好奇心、创造力、自信心、独立性、主动性和坚持性。这份清单涵盖了心理学家所说的个性倾向（dispositions），早期儿童教育者丽莲·凯茨和黛安·麦克莱兰（Lilian Katz & Diane McClellan,1997）将其定义为"持久的思维习惯和对经验的典型回应方式"（p. 6）。个性倾向包括学习风格（styles of learning）和对教育的态度。幼儿的这些品质尤其难以测量，因为他们缺乏词汇来描述自己的工作方式或教育信念。

然而，成人可以很容易地观察到其中某些行为或技能。例如，我们可以在幼儿实施自己的意图时看到他们是否主动地探索材料和想法，或是否独立地解决问题。成人也可以看到和测量幼儿对任务的投入度、专注度和坚持性。在西雅图的一间教室中，参加高瞻课程模式培训后，教师开始提供更多活动和材料供幼儿选择，她在日记中写道："幼儿专注于任务的时间更长，因为材料更具开放性，并且符合他们的兴趣和能力水平。"

学习品质还包括能够将任务分解为各个组成部分、形成工作计划并反思自己的努力所带来的成功。在这些方面，幼儿的学习品质会影响他们在其他领域的表现。例如，不同的学习品质决定幼儿是请教师帮助写字母表中的字母，还是找到一个字母表模仿；还可以决定幼儿是独自搭建一座小塔，还是与他人合作建构一个更大、更复杂的造型。

"学习品质描述的不是学习什么，而是如何学习。……如今，幼儿的兴趣、专注、坚持和动机都处于危险之中，这是由于他们正面临着家庭和社区内部的贫困、暴力以及不稳定所带来的挑战，也是因为早期儿童课程、教学和评估的趋势正在发生转变，以及对基于证据的专业发展的支持不够充分。风险很多，但补救措施也很多。我们需要采取行动消除障碍，并更加重视学习品质。"

——希森（Hyson, 2008, pp.4, 12）

幼儿以不同的方式学习。有些幼儿会更为保守，有些则以饱满的热情探索新的经验。

学 习 风 格

心理学家和教育者使用学习风格（styles of learning）这个术语来描述人们如何获得知识、技能，如何解决问题，以及通常如何处理世界所呈现的信息和经验。个体学习风格的差异出现于童年早期，并持续到成年时期。这些学习风格的差异包含几个维度，如感知觉模式、节奏或对时间的把握，以及对不同社会情境的反应。

例如，有些幼儿是视觉导向的。他们主要通过观看、观察物体、核查模式和关系、观察他人的行为来学习。有些幼儿可能更擅长口头处理信息，并且能够较好地回应口语描述和指令。还有一些幼儿则需要亲手处理和操作物体以完全掌握事物的工作原理。虽然用触觉来学习一般是幼儿的特征，但对于一部分人来说，通过触摸和操作进行学习的偏好会一直延续至成年。

幼儿在学习节奏方面也存在个体差异。有些幼儿更适应快速的学习节奏，并可以迅速地从一项活动或经验转移到另一项活动或经验。长大成人后，他们可以同时处理多项任务，或者可能更为开放地面对变化。其他一些幼儿在处理信息的方式上会慢一些和细致一些。他们一次专注于一件事，在不同活动或想法之间一点一点地缓慢过渡。

最后，在究竟是通过独立工作还是与他人互动才能最大程度学习方面，幼儿和成人也存在个体差异。有些人喜欢独立探索，愿意安静地、有条不紊地研究事物或练习技巧。有些人则在群体环境中学习得更好。他们发现，在社会环境中交换意见有助于他们迸发新的想法，掌握新的技能。

在人们不断接受教育的过程中，根据学科内容或所处的主要情境，人们几乎会用到所有的学习风格。然而，对某些学习模式的偏好在学习方式中占主导地位。尽管这些差异部分源于气质——我们与生俱来的品质的差异，但环境和教育经历仍然在塑造我们的做事方式和学习方式方面发挥着重要作用。

通过为幼儿提供各种选择和机会，高瞻学前课程模式尊重个体差异，同时也允许幼儿发现并发展其他学习模式。由于正规的学校教育（和幼儿必须掌握的课程）通常要求他们以某种特定方式来学习，因此，帮助幼儿发展积极的和适宜的学习品质是在为他们未来的成功做准备。

一些幼儿需要通过**观察**他人来更好地学习——在自己尝试之前，观察教师和其他幼儿使用吸管和高尔夫球。其他幼儿则通过立刻**动手**来学习——以自己的方式使用吸管和高尔夫球。

❖ 学习品质的影响因素

幼儿的学习品质部分是由气质塑造的，包括幼儿的抑制水平和情绪反应强度（Chess & Alexander, 1996）。婴儿出生时就带有天生的气质差异，这种差异会持续到成年。然而，社会和情感学习促进组织（the Collaborative for the Advancement of Social and Emotional Learning）（Elias et al., 1997）认为，环境在决定这些生物学特征如何表现方面也起着重要的作用。例如，坚持不懈的品质有助于幼儿解决问题，但如果这种品质变成固执，它可能会影响幼儿面对挑战或形成令人满意的社会关系的能力。通过提供现实的选择并对幼儿的沮丧迹象保持警惕，成人能够引导幼儿将坚持不懈的品质变得积极、有效，而不是消极地坚持一个无效的想法或行为。由此可见，环境的回应帮助塑造了幼儿使用自己与生俱来的特征来处理生活中的材料、人和事件的方式。

美国国家教育目标委员会强调，当幼儿受到鼓励去探索、提问和想象时，他们的入学准备得以加强。这些早期经验使他们日后能够承担合理的风险。高瞻课程模式使用主动性这一术语来描述幼儿开始并坚持完成任务的愿望和能力。幼儿有意识地决定在任务中做些什么、如何做和让谁参与，在这个过程中，他们的内心里有一个具体的目标或计划。幼儿的目标可能很简单（拿到球），也可能很复杂（用一根小树枝在沙子上写自己的名字）。高瞻学前课程模式鼓励幼儿遵循自己的兴趣，以此来支持幼儿的主动性和目标意识的发展。幼儿的游戏是有目的的，他们对此也是自信的，正如来自亚利桑那州凤凰城的这位教师所说，在她开始实施高瞻学前课程模式后，"幼儿更积极参与，更坚定自我，更独立，有更多的机会开发他们的环境。他们体验到了这是他们的教室，他们对自己的成就感到自豪，他们也可以满足自己的需要。他们表现出了满足的态度和自信心"。

许多早期教育机构都允许幼儿做出选择，而高瞻学前课程模式还包含了**计划—工作—回顾**的过程，即鼓励幼儿参与计划。在**计划时间**（计划），幼儿用手势或言语表明行动计划。在**工作时间**（工作），幼儿实施他们的初始计划和其他自发活动，他们单独工作、游戏或与他人合作，与此同时，成人通过与幼儿进行互动来支持并适当扩展他们的活动。工作时间结束后是**回顾时间**（回顾），这时幼儿反思、分享并讨论他们在工作时间的经历。有关计划—工作—回顾的更多信息，请参见《高瞻学前课程模式》① (*The HighScope*

---

① 这本书的中文版即将由教育科学出版社出版。——编辑注

Preschool Curriculum）第 8 章（Epstein & Hohmann，2012）。

简单地做出选择（选红色还是蓝色珠子？）和制订计划（我将在工作时间做什么？）之间的区别在于，制订计划是计划—工作—回顾中的第一步，它涉及对意图的思考和表达。学前儿童的计划反映了他们想要发起和继续的活动，包括想要工作的地点、想要使用的材料（表演服装）或想法（扮演消防员）。他们的计划也可能包括打算共事的同伴["杰瑞米和我要去喂斯奎奇（一只仓鼠），然后我们会清理它的笼子。"]。在一天当中，幼儿会不断表达自己的意图，表达的方式可能是发挥他们的想象力（"善良的女巫一念出咒语就会醒来。"），解决问题（"蒂姆，按住这里，让我把它粘起来。"），或表达愿望和沮丧（"我想用电脑，但斯凯勒先到那儿了！"）。

综上所述，学习品质跨越了所有发展领域，反映了我们所认识的幼儿的个性或情感倾向。由于多数早期学习都发生在社会环境中，所以幼儿的社会倾向也会影响他们对新信息的接触和开放程度。最后，幼儿究竟把学习和解决问题视为积极的挑战还是不可逾越的障碍或是一个威胁，将直接影响他们

在计划时间，这名幼儿使用一辆小汽车在"路线图"上把车开到了她计划在工作时间工作的区域。做计划时，她需要思考和表达她打算做什么。

从教育经历中获益的能力。幼儿如何面对学习，将在他们正式入学后产生深远的影响，事实上，将可能决定他们的教育生涯，并影响他们在未来整个成年生活中对掌握新知识和技能的态度。由于这些原因，为幼儿提供能够发展其主动性和带着自信、灵活性和坚持性来解决问题的能力的经验很重要。

研 究 表 明

"（关于学习品质的）研究清楚阐明了以下五点内容。

1. 幼儿在幼年时期就开始发展这些特征和行为。

2. 即使在早期，不同幼儿在学习品质上也有所不同。

3. 这些差异影响幼儿的入学准备和学业成就。

4. 幼儿在家庭和早期教育机构中的经验可能加强也可能破坏他们的积极学习品质。

5. 早期教育机构可以通过具体的策略来促进幼儿积极学习品质的发展，如加强与幼儿的关系、家园合作、设计支持性的课堂环境、选择有效的课程和教学方法。"

——希森（Hyson，2008，p.3）

❖ 关于本书

在高瞻学前课程模式中，幼儿的学习内容被归纳为 8 个领域：A. 学习品质；B. 社会性和情感发展；C. 身体发展和健康；D. 语言、读写和交流；E. 数学；F. 创造性艺术；G. 科学和技术；H. 社会学习。在每个课程内容领域中，高瞻课程模式确定了幼儿思考和推理的构成要素——关键发展指标（key developmental indicators, KDIs）。

关键发展指标一词概括了高瞻早期教育的方法。首先，"关键"一词是指这些是幼儿应该学习和体验的有意义的内容。其次，术语的第二部分"发展"一词，表达了学习是渐进和累积的观点。学习是遵循一定顺序的，一般是遵循从简单到复杂的学习知识和技能的过程。最后，"指标"一词强调了教育者需要证据来证实幼儿正在发展对于入学准备和其一生来讲都很重要的知识、技能和理解能力。为了对学生的学习与发展进行适宜的规划，并评价学前教育机构的有效性，我们需要可观察到的指标来证明对幼儿的影响。

本书旨在帮助读者引导和支持幼儿在高瞻课程中的学习品质领域的学习。本章从文献研究的视角讨论了幼儿如何进行学习，并总结了幼儿掌握知识和技能的基本原则。第 2 章描述了学习品质的一般性教学策略，并总览了学习品质这一内容领域的关键发展指标。

第 3—8 章分别提供了培养学习品质中六项关键发展指标的教学策略。

1. **主动性**：幼儿在探索世界时表现出主动性。

2. **计划性**：幼儿根据自己的意图制订计划并付诸实施。

3. **专注性**：幼儿专注于感兴趣的活动。

4. **问题解决**：幼儿解决在游戏中遇到的问题。

5. **资源利用**：幼儿收集信息并形成对周围世界的看法。

6. **反思**：幼儿对自己的经验进行反思。

在这些章节的最后有一个图表，即鹰架思路表，呈现了支持幼儿上述关键发展指标发展的思路。该鹰架思路表将帮助您识别幼儿在早期、中期和后期发展阶段所发展的具体能力，并提供相应的教学策略，以便您可以在每个阶段支持并适当地扩展幼儿的学习。

❖ 高瞻学前课程模式的内容——关键发展指标

A. 学习品质

1. **主动性**：幼儿在探索世界时表现出主动性。

2. **计划性**：幼儿根据自己的意图制订计划并付诸实施。

3. **专注性**：幼儿专注于感兴趣的活动。

4. **问题解决**：幼儿解决在游戏中遇到的问题。

5. **资源利用**：幼儿收集信息并形成对周围世界的看法。

6. **反思**：幼儿对自己的经验进行反思。

B. 社会性和情感发展

7. **自我认同**：幼儿具有积极的自我认知。

8. **胜任感**：幼儿感觉自己是有能力的。

9. **情感**：幼儿识别、标记和调节自己的情感。

10. **同理心**：幼儿对他人表现出同理心。

11. **集体**：幼儿参与班集体。

12. **建立关系**：幼儿与其他幼儿和成人建立关系。

13. **合作游戏**：幼儿参与合作游戏。

14. **道德发展**：幼儿发展出内在是非感。

15. **冲突解决**：幼儿解决社会性冲突。

C. 身体发展和健康

16. **大肌肉运动技能**：幼儿在运用大肌肉群时表现出力量、灵活性、平衡感和对时机的把握。

17. **小肌肉运动技能**：幼儿在运用小肌肉群时表现出灵活性和手眼协调

能力。

18. **身体意识**：幼儿了解自己身体的各个部位，并知道如何在空间中驾驭它们。

19. **自我照顾**：幼儿自行完成自我照顾的常规活动。

20. **健康行为**：幼儿进行有益健康的实践活动。

D. 语言、读写和交流 ①

21. **理解**：幼儿理解语言。

22. **表达**：幼儿使用语言进行表达。

23. **词汇**：幼儿理解并使用不同的单词和短语。

24. **语音意识**：幼儿能识别口语的不同发音。

25. **字母知识**：幼儿辨别字母名称及发音。

26. **阅读**：幼儿为获得乐趣和信息而阅读。

27. **印刷品概念**：幼儿具有关于周围环境中印刷品的知识。

28. **图书知识**：幼儿具有关于图书的知识。

29. **书写**：幼儿为了不同目的而书写。

30. **英语语言学习**：(在适用的情况下）幼儿使用英语和母语（包括手语）。

E. 数学

31. **数词和符号**：幼儿识别并使用数词和符号。

32. **点数**：幼儿点数物品。

33. **部分—整体关系**：幼儿组合与分解物体的数量。

34. **形状**：幼儿识别、命名和描述形状。

35. **空间意识**：幼儿识别人与物之间的空间关系。

36. **测量**：幼儿通过测量对事物进行描述、比较和排序。

---

① 关键发展指标 21—29 适用于幼儿的母语和英语学习，关键发展指标 30 专指英语语言学习。

37. **单位**：幼儿理解并使用单位概念。

38. **模式**：幼儿识别、描述、复制、补全及创造模式。

39. **数据分析**：幼儿使用数量信息得出结论、做出决策和解决问题。

F. 创造性艺术

40. **视觉艺术**：幼儿通过二维和三维艺术表达与表征自己的观察、思考、想象和感受。

41. **音乐**：幼儿通过音乐表达与表征自己的观察、思考、想象和感受。

42. **律动**：幼儿通过律动表达与表征自己的观察、思考、想象和感受。

43. **假装游戏**：幼儿通过假装游戏表达与表征自己的观察、思考、想象和感受。

44. **艺术欣赏**：幼儿欣赏创造性艺术作品。

G. 科学和技术

45. **观察**：幼儿观察周围环境中的材料及变化过程。

46. **分类**：幼儿对材料、行为、人物和事件进行分类。

47. **实验**：幼儿通过实验检验自己的想法。

48. **预测**：幼儿对将要发生的事进行预测。

49. **得出结论**：幼儿基于经验和观察得出结论。

50. **交流想法**：幼儿交流关于事物特性及运行方式的看法。

51. **自然和物质世界**：幼儿积累关于自然和物质世界的知识。

52. **工具和技术**：幼儿探索并使用工具和技术。

H. 社会学习

53. **多样性**：幼儿理解人们有不同的特征、兴趣和能力。

54. **社会角色**：幼儿了解人们在社会中具有不同角色和作用。

55. **决策**：幼儿参与做出班级决策。

56. **地理**：幼儿识别和解释周围环境的特征与地理位置。

57. **历史**：幼儿理解过去、现在和未来。

58. **生态**：幼儿理解保护周围环境的重要性。

第 2 章
培养学习品质的一般性教学策略

成人可以通过创造一种学习环境来帮助幼儿发展积极的学习品质，这种学习环境应能够激发幼儿作为行动者和思考者的自我意识。当成人使用以下一般性策略来鼓励个体和整个班集体的多种学习风格时，幼儿将享受努力的乐趣，并从中获益。

❖ 一般性教学策略

创设让幼儿有多种选择的物质环境，支持幼儿对材料、行为、观念和关系进行探索

为了获得新的经验，幼儿进入幼儿园。他们带着共同的好奇心与求知欲走进这个令人激动又充满未知的环境里，同时对如何进行发现与探索有着不同的个性倾向。《高瞻学前课程模式》（Epstein & Hohmann，2012）一书的第6章详细描述了一间专为主动学习而安排和准备的教室，它允许幼儿用自己的方式做自己的事情。幼儿可以在众多选择中找出符合自己兴趣和个性的东西，这让幼儿有信心去进行探索，去回答自己的问题，去形成有意义的关系，并得出关于世界和生活于世界中的居民们是如何工作的结论，正如下面这则逸事所展现的那样。

孩子们过完暑假回来后，尼尔和乔西一个星期要玩好几次露营游戏。他们的老师给娃娃家加了几条毛毯，这样他们就能在椅子上搭帐篷。尼尔和乔西用积木当信号灯，然后把婴儿奶瓶当作水罐。尼尔的爸爸带来了一个多余的睡袋，好几名幼儿发明了一个猜谜游戏，他们把东西藏在睡袋里，然后猜测里面是什么。

建立一日常规，允许幼儿表达多种学习风格与偏好

可预测的常规能为幼儿建立起一个安全的环境，他们可以以舒服自在的

方式在其中进行学习。在一天中的个人活动和集体活动时间，幼儿或成人发起的各种活动提供了一系列经验，用以满足幼儿的需求、兴趣及与材料、想法、行为及人员互动的偏好。

在高瞻学前教育机构中，教师遵循的一日常规通常包含以下活动。

· 问候时间

· 计划时间

· 工作时间

· 清理时间

· 回顾时间

· 大组活动时间

· 进餐和休息时间

· 小组活动时间

· 户外活动时间

· 过渡时间（包括入园和离园时间）

> "只去考虑单一的思想、单一的智力和单一的问题解决能力是一种根本性错误。"
>
> ——加德纳（Gardner，1983/2003，p.8）

计划时间、工作时间、清理时间和回顾时间总是以固定的顺序（一个接一个地）发生。然而，其他活动的顺序可能会有所不同，这取决于教育机构每天的时长。例如，对于半日制机构，每项活动发生一次；而在全日制机构中，可能会重复进行一项或多项活动。此外，计划时间、工作时间和回顾时间等一系列活动是由幼儿发起的，而其他活动，如小组活动和大组活动，是由成人发起的。

一致且灵活的一日常规确保幼儿个人的学习方式得到承认和尊重，如下面这则逸事所示。

在工作时间，杰里独自在画架上画画，之后他要求老师给他读一本书。在小组活动时间，他在马特的那一排贴画后面又添加了一张贴画，并告诉马特："现在，你的这排贴画和我的一样长了。"他们轮流在对方的纸上添加贴画。在大组活动时间，杰里带领全班做律动：他跟着节奏敲自己的鼻子，其他幼儿模仿了他的动作。在户外活动时间，当马特问杰里是否想和他一起去攀爬时，杰里摇头。他骑着小自行车，一直到离园时。

给幼儿时间，让他们用自己的方式进行学习

许多成人生活在各种需求和紧迫的时间表的压力之下。我们往往没有意识到这一点，无意中又将这些约束施加于幼儿。然而，学前儿童需要时间和心理空间来尝试新事物、制订计划、找到解决问题的方法、练习新技能，并思考刚刚的见闻的意义。因此，对于成人来说，耐心让幼儿以自己的方式获得经验很重要。当成人太快地插手、干预幼儿的计划，提供解决方案或为幼儿做某事时，他们就剥夺了幼儿自己发现和创造的机会。虽然这样可以减轻成人自己的内在压力，但幼儿也许会变得焦虑、愤恨或冷漠，而且还将可能依赖于成人的想法。当幼儿可以在教室中花时间尝试各种学习活动时，他们更容易发起活动、解决问题，并作为规划者和思考者蓬勃发展，正像下文中苏珊娜老师通过对卡利尔的观察所发现的那样。

苏珊娜是一名教师，她耐心地等着卡利尔穿上他的外套。他试了三次才把左臂伸到袖子里。然后拉链从槽口中滑脱数次。想到他可能会因此感到沮丧，苏珊娜问卡利尔是否需要帮助。他继续尝试，直到第六次，他成功地拉上了拉链。"我做到了！"他说。"你自己努力把拉链拉上了。"苏珊娜表示认可。

如果成人给予幼儿时间去思考如何找到解决问题的办法，那么幼儿更有可能自己解决问题。

❖ 活动中的学习品质

关键发展指标 1. 主动性

关键发展指标 3. 专注性

关键发展指标 2. 计划性

关键发展指标 4. 问题解决

关键发展指标 5. 资源利用

关键发展指标 6. 反思

❖ 关键发展指标

　　高瞻课程模式在学习品质领域有 6 项关键发展指标（KDIs）：1. 主动性；2. 计划性；3. 专注性；4. 问题解决；5. 资源利用；6. 反思。

　　第 3—8 章讨论了幼儿在每项关键发展指标中获得的知识和技能，以及成人可以用来支持幼儿发展的具体教学策略。每章结尾都提供了一张鹰架表格，其中包括幼儿在早期、中期和后期发展阶段的语言和行为案例，以及成人如何通过适宜的支持和适当的扩展来支持幼儿的学习。这些表格提供了额外的思路，可以帮助你更好地实施接下来章节中所建议的那些游戏和其他互动策略。

▨ 学习品质的关键发展指标 ▨

A. 学习品质

1. 主动性：幼儿在探索世界时表现出主动性。

描述：幼儿渴望学习。幼儿在探索关系、材料、动作和想法时表现出好奇心、独立性和自我导向性（self-direction）。幼儿在探索环境时会进行合理的冒险。

2. 计划性：幼儿根据自己的意图制订计划并付诸实施。

描述：幼儿根据自己的兴趣做出计划、进行决策、表达选择和意图。幼儿的计划逐渐变得详细和复杂。幼儿会按自己的计划行动。

3. 专注性：幼儿专注于感兴趣的活动。

描述：幼儿持续参与并专注于游戏。幼儿是坚持的、积极的并能够保持专注的状态。

4.**问题解决**：幼儿解决在游戏中遇到的问题。

描述：幼儿在解决各种问题时具有创造性和灵活性，从不断试误发展到尝试更系统地解决问题。

5.**资源利用**：幼儿收集信息并形成对周围世界的看法。

描述：幼儿用所有感官和多种工具对周围世界进行探索并收集信息。幼儿会对所遇事物提出问题并尝试说明自己的想法。

6.**反思**：幼儿对自己的经验进行反思。

描述：幼儿运用自己的经验得出关于人、材料、事件和想法的结论。幼儿在已经掌握的和正在操作与学习的内容之间建立了联系。

第3章

关键发展指标（KDI）1. 主动性

A. 学习品质

1. **主动性**：幼儿在探索世界时表现出主动性。

描述：幼儿渴望学习。幼儿在探索关系、材料、动作和想法时表现出好奇心、独立性和自我导向性。幼儿在探索环境时会进行合理的冒险。

户外活动时间，马尔科在观察蚂蚁搬运有它两倍大的面包屑穿过一块泥地。"它这么小，但是为什么可以搬起比自己大的东西呢？"他蹲下来继续研究蚂蚁。

❖

蒂娜在凯利请求帮助的时候帮他打开了相机的电池盖。蒂娜先观察相机的底部及侧面，寻找旋钮。找到了旋钮之后，转动它，打开了电池盖。

❖ 主动性是如何发展的

美国国家研究委员会（National Research Council）出版的著作《渴望学习：教育我们的学前儿童》(*Eager to Learn: Educating Our Preschoolers*, 2001)强调，幼儿具有强烈的学习动机。从婴儿期开始，他们就自己寻找并掌握新的有挑战的技能，而不需要外力的推动。儿童探索世界的主动性主要源于内在的自我鼓励。早期教育顾问马里奥·希森（Marilou Hyson，2008）在关于学习品质的著作①的引言中说到，幼儿是热情、投入的。就算没有外部奖励，幼儿也

---

① 该书中文版已由教育科学出版社出版，书名是《热情投入的主动学习者——学前儿童的学习品质及其培养》。——编辑注

有动力去学习新的事物——探索、练习掌握和控制、发现自己的行为对环境的影响（Stipek，2002）。

　　学前儿童在选择参加各种活动时都会展现出主动性，并且随着时间的推移，幼儿所有的感官都会参与其中。幼儿会越来越喜欢尝试新鲜事物，进行冒险，并形成自己的想法。在支持性的环境中，幼儿以不断提升的创造力、灵活性、想象力和自信来完成任务。他们讨论各种话题，交流观察的内容和自己的想法，考虑开放性的问题，并最终解决问题。学前儿童更容易全面参与支持其主动性的活动。

❖ 支持主动性的教学策略

　　为了提高幼儿的主动性，巩固其好奇心和学习热情，成人可以采用以下教学策略。

关注幼儿付出的努力而非结果

　　鼓励幼儿的探索，肯定幼儿的尝试，不论结果成功与否。强调对学习过程的内在满足，而不是奖励表现或结果。当幼儿尝试掌握新技能、解决问题或解释他们所观察到的事物时，进行认可。例如，简单地陈述你所见到的幼儿的行为，或用一种感兴趣的音调重复幼儿的解释。

　　户外活动时间，卡尔拉的老师对她说："你正在用尽全力自己荡秋千。"

　　用鼓励而非表扬来关注幼儿的行为（不关注他们是否在取悦成人），向幼儿提出开放性的问题，以便可以倾听他们的思考，并帮助他们理解有些问题的答案不止一个。

　　工作时间，在积木区，杰克、山姆和斯特西好奇如何才能让小车从他们刚搭好的斜坡上更快地滑下去。杰克建议在顶端用更大的力气推着小汽车下滑。山姆说："我叔叔有一辆红色的车，它跑得特别快，我们用红色的车吧。"斯特西认为，如果斜坡更高，车将开得更快。教师说："我们怎样才能得到答案呢？"他们一起尝试了每名幼儿的想法。幼儿们在斜坡的一端添加了积木，杰克激动地说："做到了！""但只有在你用红色车的时候才行。"山姆坚持说。

在幼儿尝试新鲜事物时进行认可

鼓励，但绝不强迫幼儿探索新材料（剪刀、电脑）；鼓励幼儿尝试运用他们的知识和技能（如为珠子分类、骑三轮车），或分享他们的观点和想法（如为何冰雪会融化，或艺术家试图传达什么感受）。认可并赞赏幼儿所进行的冒险，无论是身体上的还是心理上的。幼儿的主动行为需要自信，也需要成人的信任，让幼儿知道你看见了，并且很欣赏他们的勇气和好奇心，正如下面这名教师的记录所呈现的那样。

"我看到你正从顶部砸这块手表。"教师边观察边认可幼儿正在尝试的打开手表的新方式。

在小组活动时间，幼儿正在使用手指画画。简不愿意触碰"黏黏"的东西，所以教师为她提供了一次性手套。几分钟之后，简脱掉了手套，并把食指放进了颜料里。她举起蘸满颜料的手指给老师看。"你把手指放进颜料里了。"教师表示认可。简摩擦着那只手上的手指，然后用毛巾擦干净。在小组活动剩余的时间里，简继续用手指蘸颜料，然后再擦干净。

在大组活动时间，约翰建议所有人像大象一样摇摆手臂。他先做示范，然后别的幼儿跟着模仿，他的神情十分高兴。他对教师说："我们都变成大象了！"教师回答说："大家都在像你那样摇摆手臂呢。"

在工作时间，索菲亚、雅各布和老师莫妮卡一起看一本美术书。索菲亚指着一幅画说："我喜欢这幅画，因为它有很多红色。红色是我最喜欢的颜色。"雅各布小声说他最喜欢的颜色是紫色。莫妮卡说："我们来找既有红色也有紫色的画吧。""这里有一幅紫色的画！"雅各布用比刚才稍微大一点的声音说道，他翻开了一页，看到了紫色的画。

平衡环境中的自由与结构

在材料丰富且有条理的学习环境中，幼儿会表现出主动性。过度结构化的环境会抑制主动性，幼儿可能会害怕"搞砸"成人定下的秩序。相反，无序混乱的环境或过于丰富的备选材料也会令幼儿不知所措。同样地，在进行适当冒险时也应让幼儿感到自由，周围不应有不放心的成人。他们也需要知道设备和材料是安全的，不会让他们受伤。当这些非常规情况达到平衡时，幼儿就可以毫不焦虑地释放他们的好奇心。

通过给予幼儿独立探索材料的机会，主动性的发展也会得到支持。这样的机会让幼儿在追求自我导向的目标时具有自主权。为了平衡自由和结构，成人可以布置学习环境，使之帮助幼儿建立找到—使用—归还循环（详见下文的描述），该循环可帮助幼儿更好地使用所有材料。

成人还应当调整教室布局和材料以及收纳这些材料的容器，以支持不同能力水平的幼儿（Dowing & Michell，2007）（见后文"支持不同能力水平的幼儿的主动性发展"）。

鼓励幼儿主动参与成人发起的活动

尽管一日常规包括了由幼儿发起和成人发起的活动，但是在教师主导的活动时间，教师还是应该鼓励幼儿自主进行活动。成人提供材料或初始想法，之后幼儿就可以自由使用自己选择的材料，并提出自己的观点。例如，在小组活动时间，教师可以用一个非常简短的故事或展示来介绍材料（"这是我们昨天散步时收集的鹅卵石、树叶和树枝。"），但之后就应鼓励幼儿根据自己的兴趣和好奇心去探索并组合材料（"我很好奇你们会用这些材料做出什么。"）。

在下面的逸事中，玛利亚在小组活动时间提供给幼儿黄色、红色和蓝色的计数熊，然后观察幼儿如何用不同的方式探索它们。

在小组活动时间，詹妮把红色和黄色的小熊分为两堆。马克把红色熊和蓝色熊配对，并点数"1，2，3，4，5"。克里把黄色熊和蓝色熊交替摆放，从桌子的一头摆到另一头。萨曼莎把各色小熊排成一个圈，并说道："谁想坐我的旋转木马？"

同样，在大组活动时间，成人先开始进行律动表演、音乐表演或故事表演，然后鼓励幼儿说出自己关于如下问题的想法：接下来该如何律动（"让我们一起跳上跳下。"）；唱什么歌（"唱船歌。"）；在故事中加入什么样的情景（"我们是吃掉所有食物的鱼怪！"）。

在大组活动时间，教师播放了节奏丰富的音乐。在快歌部分，克雷格蹦跳着说："我是只跳舞的小飞虫。"格雷西滑到屋子另外一侧说："我在速滑。"

找到—使用—归还循环

布置并标记学习环境，方便幼儿找到材料，这样能帮助幼儿建立找到—使用—归还循环。

找到：将同类材料存放在一起，并放置在幼儿容易看到的视线范围内，以便他们能够找到并使用想要的材料。

使用：幼儿使用他们选择的材料，并在需要时添加更多的材料，以扩展他们的游戏想法。

归还：在清理时间，幼儿知道把材料归还到哪里，因为材料放置在明确标记过的容器里，并且架子上也有类似标记。

当音乐节奏变缓，克雷格慢下来，并评论道："现在跳舞的虫子累了。"他假装睡觉。格雷西停下来，听着音乐中的变化，然后站在原地摇摆胳膊说："这是我的慢节奏舞蹈。"

关于幼儿如何在不同发展阶段展现主动性，以及成人如何支持这一关键发展指标（KDI），详见本章最后的"关键发展指标1.主动性的鹰架思路"表。表格中的建议可以帮助你在与幼儿游戏、互动时支持并适当扩展他们的主动性。

大组活动时间，教师开始一种律动，然后鼓励幼儿说出他们关于律动的想法。

◆◆◆ 支持不同能力水平的幼儿的主动性发展 ◆◆◆

· 留出宽敞的过道，供轮椅、步行辅助器以及其他移动设备通过；确保地板不会太粗糙，也不会太光滑（如，避免某些区域铺地毯和地面打蜡）。

· 为需要移动或感官支持的幼儿提供适宜的设备和材料。

· 调整材料和活动，以便幼儿能够尽可能独立地参与其中（如，使用大号字体，提供有防滑把手的、容易抓握的材料，增大音量，伴随震动或用震动代替声音，用不止一种方式表示教室内的指示，如讲述或展示）。

鼓励所有幼儿尽可能独立地参与日常活动。

· 提供多种感官形式的信息和经验（如，提供视觉和听觉线索，使用面部表情和手势，使用真实的物体，用凸起的形状和字母来制作可触的一日常规表，用黏土和生面团制作模型）。

· 当幼儿开始一项活动时，成人根据幼儿的需要提供帮助。之后当幼儿展现出独立操作的渴望和能力时，成人减少帮助。

· 在教育活动的全天，为不同能力的幼儿提供与同伴互动的机会，把每名幼儿当作集体的一员来平等对待。

为不同能力的幼儿提供与他人互动的机会。

· 鼓励幼儿像榜样、助人者和朋友一样行动。当幼儿为他人提供了帮助与鼓励时，给予认可。

· 鼓励幼儿提出关于如何创造或调整活动以便其能够参与的想法。

在小组活动时间，教师提供给幼儿橡皮泥，无论幼儿用什么方式来使用材料，教师都提供支持。

❖ 关键发展指标 1. 主动性的鹰架思路

始终在幼儿现有的水平上提供支持，并适时地稍加扩展。

早 期	中 期	后 期
幼儿可能	**幼儿可能**	**幼儿可能**
• 更喜欢用熟悉的材料。 • 在大组活动时间观察他人活动。 • 在小组活动时间，以观察到的其他幼儿使用材料的方式来使用材料。	• 用一到两种方式探索新材料（如，用手指戳橡皮泥）。 • 在大组活动时间，模仿其他幼儿的行为。 • 小组活动时间，在观察其他幼儿操作材料的基础上用不同方法去操作材料。	• 用多种方式探索新材料（如，连续重击、戳、滚黏土，用叉子插黏土）。 • 在大组活动时间，领导活动。 • 在小组活动时间，尝试自己的想法。
为支持幼儿当前的水平，成人可以	**为支持幼儿当前的水平，成人可以**	**为支持幼儿当前的水平，成人可以**
• 提供可用的材料，但不强迫幼儿使用。 • 等待幼儿以自己的方式和节奏进入集体活动。 • 认可幼儿重复某项活动的尝试（如，"你和我一样为两只红色的小熊进行了配对。"）。	• 模仿幼儿操作材料的行为（如，捏或搓橡皮泥）。 • 认可幼儿对集体活动的参与（如，"你也摸到了你的脚趾。"）。 • 评论并模仿幼儿的变化（如，"你用了三种红色的材料，我也来试试。"）。	• 为幼儿提供更多探索材料的工具，比如压蒜器、饼干模具、橡皮锤。 • 鼓励其他幼儿跟从一名幼儿发起的行动（如，"奥费利娅说我们应该拍拍膝盖。"）。 • 请教幼儿他们是怎么做到的（如，"我怎样才能做一个跟你一样的呢?"）。

续表

早 期	中 期	后 期
为提供适当的扩展，成人可以 • 自己使用新材料（如戳黏土）。 • 活动开始后，微笑并伸手邀请幼儿加入。 • 询问幼儿接下来想做什么（如，"你想用第三只小熊做什么？"）。	**为提供适当的扩展，成人可以** • 转移幼儿的注意力到其他幼儿的行为上（如，"艾丽西亚正在用贝壳往黏土上印图案。"）。 • 尝试为幼儿的想法添加变化，并观察他们如何回应（如，"我在晃动我的脚趾。"）。 • 错误地模仿幼儿的行为，看他们能否发现并纠正。如果没有，可以对幼儿说："这样看起来不对，你能帮帮我吗？"	**为提供适当的扩展，成人可以** • 鼓励幼儿用不同的方法使用熟悉的材料。 • 鼓励幼儿用语言向集体表达和展示自己的想法。 • 提出新的挑战（如，"我想知道你还能怎么做。"）。

第**4**章

关键发展指标（KDI）2. 计划性

A. 学习品质

2. 计划性： 幼儿根据自己的意图制订计划并付诸实施。

描述： 幼儿根据自己的兴趣做出计划、进行决策、表达选择和意图。幼儿的计划逐渐变得详细和复杂。幼儿会按自己的计划行动。

佩蒂想要用电脑工作。当他到了电脑区，他发现所有电脑都在使用中，于是又去了娃娃家。"我来当比萨外卖员。"他决定。

❖

西蒙妮说她要先用雪和水混合，然后用橡皮泥做意大利面，最后用橘色和绿色的画笔来涂色。

为了在学习过程中扮演主动的角色，幼儿必须把自己当作行动者——他们必须对自己制订计划和有目的地实施计划的能力充满信心。同时，幼儿需要知道成人和其他幼儿尊重他们的选择，并会在必要时提供援手，以帮助他们达成目标。幼儿的计划反映了对他们来说什么是有意义的以及他们对什么感兴趣，不论这计划是关于操作某些材料、练习一项大肌肉或小肌肉运动技能、阅读图书，还是与同伴玩假装游戏。

在早期教育领域，计划性的作用正在获得更多的关注。高瞻培训质量研究项目（the HighScope Training for Quality Study）（Epstein, 1993）发现，"计划、实施并回顾自己选择的活动的机会与幼儿的社会性发展、认知发展和动

为支持幼儿的计划，高瞻教师在一个固定的区域（如，一张为小组活动准备的桌子）持续进行计划时间。图为幼儿正在"钓起"她计划在工作时间进行游戏的教室区域。

作发展的几乎所有方面都有积极的关联"（p.152）。许多州标准以及提前开端项目的表现标准（US Department of Health and Human Services，2002）都把计划性列入机构成果和幼儿成就的维度之中。

然而，通常人们认为幼儿的计划就是幼儿的选择。在关于幼儿计划性和反思的文章中，安·爱泼斯坦（Ann Epstein，2003）强调了二者的区别："计划不仅仅是做出选择。计划是有目的的选择。就是说，选择者根据心中特定的目标和目的，形成了其选择结果。"（p.29）幼儿做计划时，先确定一个目标，然后考虑达成目标的选项，包括"他们将要做什么，在哪里做这件事，将要使用什么材料，和谁一起做这件事，将要花费多少时间，是否需要帮助"（p.29）。

◈ 计划性是如何发展的

如《高瞻学前课程模式》第 8 章所述（Epstein & Hohmann，2012），计划性要求幼儿能够在脑海中保存事物和行为的心理图像。对于仍只能联系当时当下的稍小幼儿，当他们想象所要做的事情的第一步时，心理图像能帮助他们预见，甚至保存可能的选择。稍大的幼儿更容易想象教室中的区域、物品和人员，他们能够记住自己之前的所作所为，并能思考下一步将要做什么。

成人为幼儿提供了小组活动的材料，然后由幼儿决定如何使用它们。

幼儿的计划也会随着成长越来越具体，越来越复杂。刚开始，他们可能只是选择玩什么玩具。随着时间的推移，幼儿能够具体说明他们打算使用的更多材料或打算实施的更多想法，以及组合事物的方法，将会遇到的问题和将要尝试的问题解决方案，事件的顺序，或将如何与他人合作来执行并阐述自己最初的计划。随着经验的增长和不断发展，学前儿童逐渐能够用语言表达计划，丰富计划的细节，并按计划行动。他们不仅独自计划的能力有增长，与朋友一同计划的能力也得到发展。在幼儿园阶段的后期或小学阶段的前期，他们开始进行小组计划。

❖ 支持计划性的教学策略

以下成人支持策略能帮助幼儿制订计划，并在游戏中有目的、有意图地行动（有关支持计划性的其他策略，请参阅《高瞻学前课程模式》第 8 章，Epstein & Hohmann，2012）。

在一日常规中设置持续且一致的计划时间

高瞻课程教师设定了一个可预测的时间表，其中包含一个经过设计的计划时间，幼儿每天在计划时间内制订计划并实施计划。

在计划时间，阿什琳将魔术棒指向将要游戏的区域。她指着娃娃家，然后又指到玩具区。她说："我想要玩磁力片①。"

一旦幼儿了解了这项常规，确定他们将有时间和材料实现自己的意图，他们甚至经常会在到达幼儿园之前就做出了计划。

在去幼儿园的路上，丽莎告诉妈妈，她要和玛格丽特在娃娃家玩。她们会用奶酪和奶油糖果碎片制作比萨。她确切地知道她将要用什么来制作它。昨天，全班幼儿在散步时收集的小棕色鹅卵石会成为奶油糖果碎片。她妈妈上周带来的泡沫塑料颗粒（用来包裹家里的新盘子）将成为奶酪。"但不要太多奶酪。"她对妈妈说。

---

① 磁力片，原文为 Magna-Tiles，一种三角形或多边形的、四周带有磁力的片状玩具，可以相互吸附，组成不同造型。——译者注

◆◆◆ 一天当中幼儿做选择的机会 ◆◆◆

问候时间

· 和谁坐在一起

· 看哪本书

· 和谁一起讨论

· 讨论什么

计划时间

· 在工作时间做什么

· 使用哪些材料

· 如何使用材料

· 在哪里使用材料

· 和谁一起工作

工作时间

· 如何开始执行他们的计划

· 如何调整计划

· 活动持续多长时间

· 需要加入哪些材料

· 如何解决问题

· 接下来做什么

回顾时间

· 分享什么

· 包括哪些细节（人物、事件、地点、方法等）

· 如何分享（用手势、词语、图画等）

户外活动时，幼儿有很多机会进行选择。这名幼儿决定坐在爬梯的台阶上，扔下小弹跳球，看哪一个弹跳得最高。

小组活动时间

· 坐在谁的旁边

· 使用哪种材料

· 用材料做些什么

· 说些什么

· 是否以及如何使用备份材料

· 是否以及如何与他人互动

大组活动时间	户外活动时间
·唱哪首歌	·使用哪些设备和材料
·添加哪些段落	·与谁一起游戏
·尝试什么动作	·移动速度的快慢
·是否成为领导者	·吵闹还是安静
·为故事添加什么内容	

在全天活动中提供有意图地进行选择的机会

除了安排好的计划时间外，高瞻课程在全天都鼓励幼儿做出有意图的选择和决定。例如，尽管在小组活动时间由教师选择并提供给幼儿材料，但之后幼儿便会以自己的方式探索它们。同样，幼儿会自创多种方式律动身体，或在大组活动时间和过渡时间自编一些韵律和韵文。在户外活动时间，幼儿也可以决定使用什么器械以及和谁一起游戏。

制订计划是幼儿发展胜任感和平等感的基础。当幼儿有机会在全天和不同的环境下做计划时，他们会逐步获得与成年人和同龄人交往的信心。在参与自己的世界中正在进行的事件时，他们视自己为受到尊重的伙伴，并知道他们的意图可以产生影响。

工作时间，在水桌旁，德拉尼说："我正在穿工作服，这样我的白衬衫就不会弄湿。"

在清理时间之前，塔利亚制订了第二天的计划，并将其写在一张便利贴上。她画了老师名字中的字母连接符，然后贴了一张娃娃贴画。对她而言，这意味着她想和娃娃家里的西尔维娅（一位教师）一起游戏。她把便利贴粘到公告板上作为提醒。

在小组活动时间，亨利说他要把胶水加到橡皮泥里，让它变得更坚硬。"然后我打算再把它变软。"他解释道。

对幼儿的选择和决定表现出兴趣

幼儿并不习惯成为计划者、决策者和领导者。简单地说，因为他们是幼儿，成人为幼儿做出决定是很自然的事，常常也是必不可少的做法，特别是在事关健康与安全的基本问题上。因此，在适当的时候让幼儿制订自己的日程就显得十分重要。进行关于游戏和学习的选择正是这样一个时机。在幼儿园，幼儿可以进行这样的选择，高瞻教师也会和家长分享如何鼓励幼儿在家中进行选择。由于对于幼儿来说制订计划是一种新的经验，所以支持幼儿在这个过程中的努力尤其重要。成人可通过多种方式来支持幼儿的意图，包括：评论幼儿的想法，重复和扩展他们的思路，模仿他们的行为，接受他们的建议，及让他们成为领导者。

在计划时间，艾莉告诉克里斯（一位教师），在工作时间里，她希望克里斯给她的"电话号码"打电话。她说她的电话号码是"2264"。克里斯在手机上按下这个号码。艾莉没有接电话，而是说："你的号码错了。再试一次。"克里斯又打了一遍，艾莉接听了电话。

关于不同发展阶段的幼儿如何制订计划，以及成人如何支持这一关键发展指标（KDI），请参见下面的"关键发展指标2.计划性的鹰架思路"表。表格中的建议将帮助你实施前面描述的教学策略，以便在与幼儿的游戏和其他日常互动中，你可以支持并适当扩展幼儿的计划工作。

❖ 关键发展指标 2. 计划性的鹰架思路

始终在幼儿现有的水平上提供支持，并适时地稍加扩展。

早 期	中 期	后 期
幼儿可能	**幼儿可能**	**幼儿可能**
• 指向一个他们想要使用或玩的材料。 • 说出一个他们想要工作的区域。 • 制订了一项计划，但做的是与计划不同的事。	• 说出一个计划进行游戏的区域的名字，并能说出1—2 种材料的名字。 • 每天都计划操作同样的材料或无差异地重复同样的活动。 • 开始实施计划，但之后可能转向其他区域或活动。	• 制订了一项包括区域、材料、行为和（或）与之共同游戏的伙伴等详细信息的计划。 • 计划在第二天继续计划并扩展活动。 • 工作时间中，有较长时间用在实施最初的计划。
为支持幼儿当前的水平，成人可以	**为支持幼儿当前的水平，成人可以**	**为支持幼儿当前的水平，成人可以**
• 为幼儿的手势配上语言（如，"你想要在艺术区玩。"）。 • 评论幼儿游戏的地点和他们做的事（如，"你在玩动物拼图，而不是看书。"）。 • 为新计划做标记，并建议幼儿在计划时间说出标记名称（如，"你在玩积木。下次，当你制订计划时，你可以说'积木'。"）。	• 询问幼儿是否需要其他材料来实施计划。 • 认可计划的改变，并询问幼儿新的计划是什么。 • 接受幼儿重复使用材料和行为的计划，在小组活动时间，提供用新的方式组合材料的机会。	• 肯定计划中的细节，鼓励幼儿进一步完善计划的顺序（如，"你第一件事要做什么？"）。 • 将幼儿的计划和活动相联系（如，"整个工作时间，你和蒂姆建造了一座机场，正像你们计划的那样。"）。 • 在清理时间，询问幼儿想要把他们正在使用的材料收纳到哪里，提供或帮幼儿制作"工作还在进行中"标志。

续表

早　期	中　期	后　期
为提供适当的扩展，成人可以	**为提供适当的扩展，成人可以**	**为提供适当的扩展，成人可以**
• 询问或请幼儿展示他们即将在所指的那个区域使用的材料。 • 标记幼儿计划中的细节（如，"你计划进入玩具区，你也是这么做的。你玩了拼图。在计划时间，你告诉过我们你想要玩这个。"）。 • 评论幼儿的计划和行为之间的联系（如，"你想要玩积木，现在你在搭建一座塔。"）。	• 对幼儿的计划提出开放性的问题（如，"你将用什么材料来搭建它？""你觉得这会花费多长时间？"）。 • 鼓励幼儿提供新计划的细节（如，他们将会做什么，如何做）。 • 关注其他幼儿计划用同样的材料做什么（如，"达林也想要用乐高。他计划搭建一座谷仓。"）。	• 询问幼儿，在实施计划的过程中，他们是否会遇到困难。 • 请幼儿描述他们如何改变计划，以解决游戏中遇到的问题。 • 询问幼儿继续实施计划的下一步是什么。

第 5 章

关键发展指标（KDI）3. 专注性

A. 学习品质

3.**专注性**：幼儿专注于感兴趣的活动。

描述：幼儿持续参与并专注于游戏。幼儿是坚持的、积极的并能够保持专注的状态。

德怀特站在画架前，用宽大的刷子刷蓝色颜料。他一遍又一遍地涂着同一个角落，直到在纸上磨出一个洞。他用手指戳那个洞，然后拿刷子在杯子里蘸了蘸，继续涂同一个点。他满意地笑着。

❖

在计划时间，费利克斯和约兰达宣布要喂鱼。他们把一盒麦片和一把小勺子带到水槽边，他们的老师帮助他们按量配给食物。在接下来的20分钟，他们盯着鱼，在鱼吃东西时兴奋地讨论着它们的颜色和动作。其他幼儿在路过时会停下来看一会儿，但是费利克斯和约兰达一直凝视着鱼缸里发生的情况。

❖ 专注性是如何发展的

专注性是"学习品质的行动导向维度"，包括注意和坚持（Hyson，2008）。注意是指将心理能量集中于某个人、某项任务或某个情境上，是执行功能的关键过程（Rothbart, Sheese, & Posner, 2007；Zelazo, Muller, Frye, & Marcovitch，2003；详见后文"什么是执行功能"）。通常，当成人谈论幼儿和注意时，指的是"保持注意"——让幼儿倾听成人或同龄人说的话。而高瞻课程倾向于使用"专注性"这一术语，以强调其目标是帮助幼儿持续参与令其感兴趣的活动和事件。持续的专注会带来持续的发现，从而带来更多学习，而不仅仅是注意某些东西和成人的言行。

坚持是指在面对分心或挫折时仍关注着当前的活动。像问题解决一样，它需要一种承受挫折和通过挑战来实现预期结果的能力。注意和坚持是入学准备的重要因素（Fantuzzo，Perry，& McDermott，2004）。这二者都需要自我调节，研究者埃琳娜·博德罗瓦和黛博拉·梁（Bodrova & Leong，2007）将其描述为幼儿"在管理自己的行为方面表现出深思熟虑的、计划好的言行举止的能力"（p.127）。当幼儿保持专注时，他们的一系列情感（如，学习或完成目标的满足感）会得到满足，而不是一系列竞争性的需要（如，即时奖

当被提供了感兴趣的材料和经验时，幼儿便会很专注。

励的冲动满足，或在遇到问题时逃避以减轻压力）得到满足。

专注性的差异从一出生就很明显，它反映了内在气质的差异。不过，专注性也有清晰的发展脉络。简单地说，幼儿年龄越大，他们保持注意、坚持工作和游戏的时间越长。幼儿与面前的人和任务互动得越多，他们了解到的事物的特性就越多。反过来，幼儿学习得越多，他们继续学习的好奇心就越强烈。因此，专注性得到了自我强化和保持，不过这一过程是不能被强迫的。注意和坚持是内在驱动的。幼儿会像成人一样去寻求并回应那些能够引起其兴趣和投入的人、材料与环境。

❖ 支持专注性的教学策略

早期教育的一个主要目标是帮助幼儿以有意义和令人满意的方式着手启动、聚焦并实现自己的意图。幼儿在一个活动上坚持得越久，他们从延长的操作材料的时间中和增加的反思自身经验的机会中学到的就越多。以下策略将帮助幼儿提高和保持他们的专注水平。

什么是执行功能

执行功能是一系列管理自己和资源以实现目标的过程。它是一个用来说明神经方面基础技能的总称性术语，包括心理控制和自我调节。执行功能发挥命令和控制的作用，可以被视为所有认知技能的指挥者。执行功能帮助你管理生活中所有类型的任务。例如，执行功能让你能组织旅行、开展研究项目或完成学校的论文。

执行功能包括

1.抑制：在适当的时候停止自己的行为的能力，包括停止行动和想法的能力。抑制的另一面是冲动。如果停止自己冲动行为的能力很弱，那么你就是冲动的。

2. **转移**：从一种环境自由移动到另一种环境，并灵活思考以适宜地回应各种情境的能力。

3. **情感控制**：通过让理性思考来影响情绪进而调节情感反应的能力。

4. **发起**：开始一项任务或活动并独立产生想法、独立进行回应或独立提出问题解决策略的能力。

5. **工作记忆**：为了完成任务而在头脑中保存信息的能力。

6. **计划／组织**：管理当下和未来任务需求的能力。

7. **材料的组织**：保证工作、游戏和储存空间的秩序的能力。

8. **自我监督**：监督自己的表现，并根据需要或预期的某些标准来衡量自己的表现的能力。

——库珀-卡恩、迪策尔

（Cooper-Kahn & Dietzel，2008，pp.9-14）

提供能保持幼儿兴趣的材料和活动

注意力是不能被强迫的。当儿童觉得某个事物值得关注的时候，他们就会对其保持注意。对于幼儿来说，这意味着材料、互动和事件与他们的需求、好奇心和经验有关。通过提供丰富多样的材料及混合安排个体活动和集体活动，成人保证了每名幼儿每天都能找到一些吸引其兴趣的事情。新的或重新引入的材料也可以吸引并保持注意力，这些材料让幼儿以旧的方式探索新的材料（即，看看之前学到的东西可以如何应用于不熟悉的材料上），以新的方式探索旧的材料（即，应用上次学到的东西，以新颖的方式再次进行探索）。熟悉与新鲜的混合能够帮助幼儿深化其知识和技能。

然而，要在新鲜感和数量之间找到平衡可能有点复杂。材料太少或重复的活动可能导致幼儿产生无聊感。另一方面，我们有时会为了确保每个人的兴趣都被顾及而为幼儿提供过多的选择。教师应观察幼儿，以找到对于个体和集体来说适宜的尺度。例如，稍小的幼儿可能会在小组活动时间专心探索一种颜色——红色。稍大的幼儿可能已准备好比较或混合两种或更多种颜色。之后，他们可能会专注于不同绘画工具所产生的效果。以下逸事说明了幼儿如何回应可用的不同材料，同时将游戏与他们对新鲜感和连贯性的个性化需求相匹配。

在工作时间，维诺德来到玩具区，拼了两块拼图。然后，他转移到艺术区，并把手指插进橡皮泥球里。之后他又前往娃娃家，在那里，他看着吉姆和爱丽在塑料碗里"烹饪"珠子。在接下来的 10 分钟里，维诺德给他们拿来了珠子、计数熊和其他物品。把碗装满后，他问道："我可以搅拌吗？"

在小组活动时间，玛丽莎数着她往每杯红色的液体里添加了几滴白色颜料。她在第一杯加了一滴，在第二杯加了两滴，依此类推，直到有五杯不同色调的液体。她用每种颜色在纸上画了一根线条。"这是最浅的，这是最深的。"她告诉老师，并指着最两端的两根线条。

拉尔斯和艾琳计划在两周内每天都在积木区一起工作。两人最近都刚刚结束家庭旅行返回幼儿园。他们搭建了停着飞机的机场、信号塔、"起飞坡道"、美食广场以及"手提箱旋转木马"①。他们每天都在搭建更多建筑，并使用从教室其他区域拿来的材料，如用长长的纸条做跑道。

给幼儿充分的时间以实现其意图

日常工作时间至少要 45 分钟，这样幼儿才有足够的时间来实施他们的计划。即使最初他们没有在一件事情上停留很久，但是较长的工作时间传达给

---

① 原文 suitcase merry-go-round 指行李提取转盘。此处作者加了双引号表明是幼儿的语言，因此保留 "手提箱旋转木马" 的生动译法。——译者注

他们一种信息：他们的想法值得持续地进行，而且这种持续的专注也是有价值的。还可以给幼儿充足的小组活动时间，让他们有一个舒适的结束。不要催促他们尽快完成或集体过渡到一日常规中的下一项活动。要逐步过渡到下一项活动（例如为点心时间洗手），以便幼儿可以在准备好之后按自己的步调进行过渡。当活动即将结束时，对幼儿进行提醒，并提供"工作还在进行中"标志，以便幼儿可以制订计划，第二天在工作时间和小组活动时间继续活动，正如下面这位教师和妮亚的故事。

　　在小组活动时间，妮亚在她的白纸边缘交替粘贴蓝色和黄色贴纸。活动结束时，她还剩了几张贴纸，并且纸张的一边是空的。当其他幼儿一个接一个投入大组活动时，她看起来很沮丧。"你想明天继续完成这个排列吗？"她的老师问。"是的。"妮亚说，看起来松了口气。她把材料放在架子的顶端，并放了一个"工作还在进行中"标志，然后跳到地毯上，加入了她的同伴。

工作时间，这名幼儿（和她的伙伴），有充足的时间搭建一个实验餐厅。

同样道理，教师要能敏感地发现幼儿何时对小组或大组活动失去兴趣。当幼儿失去了兴趣时，要么调整活动（例如，介绍备用材料，或让不安定的幼儿动起来，而不是继续待在那里唱歌），要么结束活动。如果幼儿们被迫继续下去，这段时间可能会让幼儿产生不愉快的感觉，导致今后即便在材料和活动很吸引他们的情况下，他们仍然可能不喜欢大组活动时间并拒绝参与。

最大限度地减少干扰与过渡

虽然专注程度会随着幼儿的成长而增加，但假设幼儿的注意力很短暂是错误的。事实上，成人可能因为假设幼儿需要不断改变步调或新颖的刺激，而无意中妨碍了他们的专注。

为了鼓励幼儿在感兴趣的活动中保持专注，在一天中，尽可能减少干扰和过渡非常重要。例如，在工作时间，高瞻课程的教师不设立"特别项目"，也不会把幼儿从他们选定的活动中抽出来参与这一特殊项目。相反，我们由幼儿选择是否以及何时在工作时间内过渡到一系列不同活动和行动中。同样，成人应在日常各个环节中尽可能减少过渡时间。这让幼儿可以安定下来，投入到一日常规的每个环节中，给每个环节应有的时间，让这些活动变得更有价值、更值得参与。

想要了解幼儿专注水平的发展，以及成年人如何支持并适当扩展这一关键发展指标（KDI）的早期学习，请参阅下文"关键发展指标3.专注性的鹰架思路"表。表格中提出的思路以及对上述内容的详细说明将有助于你在与幼儿游戏和互动时支持他们的专注性的发展。

❖ 关键发展指标 3. 专注性的鹰架思路

始终在幼儿现有的水平上提供支持，并适时地稍加扩展。

早　期	中　期	后　期
幼儿可能	**幼儿可能**	**幼儿可能**
• 在区域和（或）材料之间快速转换。 • 持续参与一项感兴趣的活动的时间很短。 • 观察专注于一项任务或活动的其他人。	• 在离开之前探索一或两种材料。 • 持续参与一项感兴趣的活动的时间适度。 • 参与一项看起来对他人有吸引力的活动。	• 对材料非常专注。 • 持续参与一项感兴趣的活动的时间很长。 • 邀请他人来支持或延伸一项有吸引力的活动（如，"乔伊，你想帮我们搭建这座桥吗？"）。
为支持幼儿当前的水平，成人可以	**为支持幼儿当前的水平，成人可以**	**为支持幼儿当前的水平，成人可以**
• 邀请幼儿加入一项与其兴趣相关的活动（如，"杰拉德和凯丽请我给她们读一本关于火车的书，你愿意一起听吗？"）。 • 在幼儿旁边游戏；重复他们的话，模仿他们的行为。 • 评论幼儿正在观察的材料和活动；询问他们是否愿意加入。	• 评论并描述幼儿正在做的事情。 • 评论幼儿持续的专注（如，"你画船画了好一阵子呢。"）。 • 就幼儿应如何参与正在进行的活动提出建议（如，"也许他们需要其他消防员来帮忙抬那个很重的软管。"）。	• 像幼儿一样用多种方式使用材料。 • 详细描述幼儿正在做的事情，鼓励幼儿也这样做。 • 询问幼儿是否有一些建议，让他和其他儿童融入游戏主题（如，"我很好奇乔伊是怎样帮助你建桥的。哦，我明白了。他举着两端，同时你往下面添加更多积木。"）。

续表

早　期	中　期	后　期
为提供适当的扩展，成人可以 •请幼儿建议下一项活动（如，下一本要读的书）。 •请幼儿描述他们正在做的事，以便你能够模仿并检验自己是否理解（如，"是用这种方式做吗?"）。 •鼓励幼儿寻求他人的想法和帮助（如，"也许多诺万能够告诉你他是怎么做的。"）。	**为提供适当的扩展，成人可以** •鼓励幼儿向你描述和展示他们的行为。 •增加相关材料以扩展幼儿的游戏。 •鼓励幼儿思考如何加入并在他人游戏基础上游戏（如，"我想知道你是否有什么办法帮助他们。"）。	**为提供适当的扩展，成人可以** •提出开放性问题，提出挑战，以帮助幼儿扩展他们和材料的互动。 •鼓励幼儿在教室其他区域寻找相关材料。 •鼓励幼儿描述他们每个人在合作中贡献了哪些力量以实现合作游戏的想法（如，"乔伊带来了额外的积木，那么你和萨米做了什么呢?"）。

第6章
关键发展指标（KDI）4. 问题解决

A. 学习品质

4. 问题解决：幼儿解决在游戏中遇到的问题。

描述：幼儿在解决各种问题时具有创造性和灵活性，从不断试误发展到尝试更系统地解决问题。

艾萨克在把画从画架上取下来时不小心把画撕破了，他将画放在地板上，将撕裂的部分用胶带粘起来，然后将画挂起来晾干。

❖

户外活动时间，阿兰娜把手放在攀爬架的第一个梯级上，然后惊奇地转过身来。"这是湿的！"她告诉老师贝基。"当然是湿的。"贝基表示同意。在发现攀爬架的其他部分也是潮湿的之后，阿兰娜说："我需要一条毛巾来擦掉这些水。"她拿来一条毛巾，把每级台阶都擦干了。"现在我可以爬了。"她说。

那些独立追求主动性的幼儿不可避免地会在游戏中遇到障碍。当幼儿被鼓励自己解决遇到的问题时，他们获得了宝贵的机会来全面深入且具有创造性地处理这些意料之外的问题。允许幼儿自己解决问题，而不是直接介入帮助他们，主要出于两方面的考虑：第一，幼儿慢慢地会把自己当作能够独立处理各种情况的、有胜任能力的个体。第二，幼儿会慢慢养成独立解决问题的习惯，这是一种能使其在整个学龄期和成年期间都受益的品质。

❖ 问题解决能力是如何发展的

幼儿在问题解决方式上的显著差异很早就出现了。心理学家卡罗尔·德韦克（Carol Dweck，2002）发现有两类幼儿：以表现为导向或是以学习（或掌握）为导向。表现导向的幼儿关注从其他人那里得到积极的评价，并倾向于避免可能导致的失败或批评。他们不会坚持解决不太可能成功的问题。相反，学习导向的幼儿关注提高自己的能力，而不在乎他人的反馈。如果他们想要学到某些东西，即使最初的努力没有成功，他们仍会应对新的挑战。后一种导向更有可能预测儿童的成就。虽然解决问题的方式受到这种气质差异的影响，但是幼儿的行为也受到成人强调成果（表现）还是努力（学习）的影响。

除个体差异外，在幼儿的发展中也存在着变化。稍小的幼儿在面对问题时会更加热情、更加自信，但缺乏坚持性。稍大的幼儿更加坚持、更加灵活，并且更有可能提出自己的想法和解决方案（Flavell, Miller, & Miller, 2001）。自我调节也发挥了作用。关于执行功能（也被称为主动控制）的研究表明，稍大的幼儿能够更好地调节自己的注意力，并能将自己

幼儿是充满热情的问题解决者，正如这两名幼儿，正在用嵌套积木搭建一座塔。

的认知技能应用于问题解决（Zelazo，Muller，Frye，& Marcovitch，2003）。3—5 岁阶段对于这些执行功能的发展尤其重要，因为此时大脑中的某些部位也在同步发展，特别是负责调节和表达情感的额叶皮层在这一阶段发生了变化（Shore，2003）。

◆ 支持问题解决的教学策略

成人可以用以下方式鼓励幼儿自己解决问题。

鼓励幼儿描述遇到的问题

当你看到一名幼儿遇到问题时，退到一边，先让幼儿识别并描述情况。这一步可以帮助幼儿发展找到应对方案的能力。幼儿可能不会像成人那样看待问题，但重要的是让他们有观察和用自己的语言来描述问题的机会。这样做的时候，幼儿开始相信自己拥有观察者和分析者的技能。这个过程不仅是积极情感发展的核心，也是科学思维和推理能力发展的核心，正如下面科尔对计算机问题的描述所说明的那样。

科尔来到他的老师杰基旁边，说："电脑坏了。"老师让他说明电脑怎么坏了，并跟着他来到电脑旁。"看，它总是返回到游戏刚开始的地方。"他解释说。杰基询问科尔想要用电脑做什么，科尔说："我要去游戏的下一关。"她看着屏幕，指向箭头图标，说："我想知道这是做什么的。"科尔尝试点击箭头图标，当他点击这个箭头图标时，游戏又顺利前进了。科尔说："现在，我把它修好了！"

在幼儿发展的早期阶段，他们可能无法确认或用语言描述问题。幼儿可能只有一个模糊的感觉，即有些东西正在阻止他们实现意图。在这种情况下，可以向幼儿简单陈述问题。如果你使用诸如"所以，问题是……"的短语，幼儿将最终得到一个发现问题的思路，以便想出解决方案。

工作时间，在娃娃家，阿里尔的老师说："看起来你想戴上项链。所以，问题在于它太短了，不适合你的头。"阿里尔的眼睛亮起来，她说："是啊。也许我可以再加一些纱线，让它更大——像我的头一样大。"

让幼儿有时间想出自己的解决方案

在高瞻课程模式中，成人会耐心等待幼儿发现问题，同样，他们也会退到一边，以便幼儿能够思考如何解决问题。

工作时间，在艺术区，汉克的胶水瓶堵塞了，艾莉森（另一名幼儿）尝试使劲挤压它。她还尝试用钉子疏通瓶子，最终她给汉克拿来一瓶新胶水。

工作时间，在积木区，马修想要另一名小朋友正在使用的大型双向坡道，他将两个单向的斜坡组合起来，做成了自己的双向坡道。

尽管成人的解决方案可能更有效率或更有效果，但简单地把方案交给幼儿会剥夺他们学习解决问题和发展自信心的机会。

与幼儿谈论哪种措施有效，哪种无效

为了帮助幼儿从不断试误发展到系统地解决问题，成人可以鼓励幼儿描述并思考行为的结果。成人可以进行评论，并提出开放式问题，以帮助幼儿考虑其他替代解决方案。对于幼儿来说，知道一种解决方案何时发挥作用与识别何时需要不同的解决方案一样重要，正如下面彼得与照顾者尼安之间的对话所展示的那样。

彼得正在玩拼图。他已经把大部分拼图块的位置找对了，但不管如何转动剩下的拼图，他都不能把它拼进大象耳朵的位置。"你尝试了所有的拼图

块，但它们都不适合。"照顾者尼安说。彼得叹了口气说："我把剩下的拼图转过来，转过去，可还是拼不好。"尼安发现在他身后的地板上还有一块，便说："我想知道你的拼图块是否齐全。"他们一起寻找。"看看我发现了什么？"彼得说。他把这块拼图拼到空缺的地方，自豪地告诉尼安："我做到了！"尼安说："是的，你找到了丢失的那块拼图。"

与幼儿谈论他们做了什么，以及为什么这个行为能够（或不能）解决问题，有助于在幼儿心里建立因果关系。一旦幼儿建立了这种心理关联，将来他们更有可能将解决方案应用于类似的问题。

帮助遭受挫折的幼儿

有时，幼儿确实需要成人的帮助，特别是当他们的能力无法解决问题，进而阻碍他们向前推进计划时。当幼儿已经尝试解决问题但遇到依靠自己无法跨越的障碍时，高瞻课程中的教师总是能及时发现这个时机。在这一时刻，成人应介入并提供恰到好处的帮助，以便幼儿可以继续尝试自己解决问题，或进一步去实现他们的意图。在这种情况下，教师可提供一个简要的解释，让幼儿可以从经验中学习，也许他们还会在今后独立使用这些经验。

阿什琳在木工区工作，钻头从她正在使用的木钻中脱落出来。她把钻头推回到原位，但它仍不断掉下来。阿什琳把钻头拿到老师克里斯面前，请她"修好它"。克里斯把钻头拧紧了一点，并说："有时候必须这样拧紧它，它才能固定住。"阿什琳继续按照她的计划制作恐龙床。

关于解决问题的发展性案例，以及成年人如何支持幼儿这一关键发展指标（KDI）的学习，请参见下面的"关键发展指标4.问题解决的鹰架思路"表。当你在一日常规中与幼儿游戏、互动时，可使用表格中额外提供的思路来支持并适当扩展幼儿的问题解决能力。

这两名幼儿正在尝试制作一根吊桶绳索。

他们的老师正和他们讨论绳索怎么做是有效的，
怎么做是无效的。

幼儿一同解决问题，制作了一根真正能
起作用的吊桶绳索。

一旦幼儿拥有在成人的支持下解决问题的经验，他们会经常和同伴使用同样的问题解决策略，如一起合作搭建一座不会倒塌的乐高塔。

❖ 关键发展指标 4. 问题解决的鹰架思路

始终在幼儿现有的水平上提供支持，并适时地稍加扩展。

早　期	中　期	后　期
幼儿可能	**幼儿可能**	**幼儿可能**
• 无视（没有识别或未发现）材料的问题。 • 操作材料，直到出现问题（即，没有预见到潜在的问题）。 • 当遇到材料的问题时，用语言或手势表达沮丧（如，把材料扔到地板上，哭，离开）。	• 能够识别材料的问题，并寻求帮助以解决问题。 • 能预见游戏中潜在的问题（如，没有足够的大块积木来搭建摩天大楼）。 • 尝试一两种解决材料问题的方法。	• 自发或在被询问时能描述材料的问题。 • 能发现解决潜在问题的方案（如，"如果电脑前没有位置了，我会先玩拼图，直到轮到我玩电脑。"）。 • 解决或尝试三种或更多种解决材料问题的方法。
为支持幼儿当前的水平，成人可以	**为支持幼儿当前的水平，成人可以**	**为支持幼儿当前的水平，成人可以**
• 帮助幼儿发现问题（如，"看起来线有点短，不够到达另一边。"）。 • 为幼儿标记游戏中出现的问题。 • 认可幼儿的感受；敏感地发现幼儿沮丧的信号，在他们感到失望之前提供帮助。	• 鼓励幼儿描述问题（如，"让我看看/告诉我什么坏了。"）。 • 当幼儿预见到问题时表示认可（如，"你认为这可能会不够。"）。 • 提供建议（如，"当我遇到同样的问题时，我会像这样把它转过来。"）。	• 鼓励幼儿完整描述问题（如，"让我看看/告诉我你按下了哪个按钮，发生了什么。"）。 • 鼓励幼儿思考在实行计划时可能会遇到的挑战，并思考如何预防或解决问题。 • 不论幼儿是否成功，认可他们尝试解决问题的努力（如，"你尝试了三种胶带，最后你发现了一种很黏的、能够把它们粘好的胶带。"）。

早 期	中 期	后 期
为提供适当的扩展，成人可以	**为提供适当的扩展，成人可以**	**为提供适当的扩展，成人可以**
·鼓励幼儿提供更多关于问题的信息（如，"哪一部分坏了？"）。 ·鼓励幼儿在做计划时识别潜在的问题（如，"你认为你有足够贴一圈的红色贴纸吗？"）。 ·增加词汇量（如，感到挫折、失去耐心、恼怒），以帮助幼儿描述和表达他们的挫败感。	·鼓励幼儿寻求他人的帮助（如，"也许杰达可以向你展示她是如何用电脑播放歌曲的。"）。 ·询问幼儿解决潜在问题的想法（如，"如果发生了那样的情况，你会做什么？"）。 ·询问幼儿还会尝试做什么（如，"你还能使用什么？""你还能对它做哪些有用的事情？"）。	·鼓励幼儿解释导致问题的原因。 ·询问幼儿为什么他们认为自己的方案能有效解决问题。 ·请幼儿解释为什么他们尝试的做法发挥了作用，或没有效果。

第7章

关键发展指标（KDI）5. 资源利用

A. 学习品质

5. 资源利用：幼儿收集信息并形成对周围世界的看法。

描述：幼儿用所有感官和多种工具对周围世界进行探索并收集信息。幼儿会对所遇事物提出问题并尝试说明自己的想法。

两名幼儿正在树荫下玩耍。他们跑到花坛边，在那里，他们的老师和几名同伴正在挖虫子。"快看我们的脚趾！"他们指着深色的鞋尖说。经过这些幼儿的允许，老师和同伴们摸了摸他们的脚。"你们的脚趾是湿的！"一名幼儿大声说道。于是，他们都跑过来感受树下潮湿的草地。

◆

在问候时间，一名幼儿宣布："我穿了一双系鞋带的新鞋子。"其他幼儿则说，他们的鞋子有带子、搭扣、魔术贴等。他们感兴趣的是为什么鞋子能固定在脚上，并谈论这些扣件是如何发挥作用的。

幼儿越来越擅长利用环境中的资源——可操作的物体、可观察的过程和人类的专业知识——来丰富日益增长的知识体系。根据早期儿童教育专家丽莲·凯茨（Lilian Katz, 1993）的看法，幼儿努力达成这一目的的个性倾向或"心

智习惯"包括渴望发现事物，渴望理解自己的经验，追求准确性，依赖个人经验（即被实际经验引导）。学前儿童天生喜欢"证明给我看"这一方式，他们寻找能够证实自己和他人想法的物体、行动与事件。

❖ 资源利用能力是如何发展的

　　尽管幼儿尝试新经验的意愿存在差异（Kagan，2005），但是他们的发展存在着一种越来越开放的趋势。也就是说，稍大的幼儿一般比稍小的幼儿更愿意尝试一些新鲜的、不同的事物。学前儿童会运用所有感官来探索一系列新的设备、工具和材料，他们不仅进行观察，还会在新生成的知识领域之间建立联系。近年来，大脑神经网络的研究发现，"在三四岁前，幼儿已经建立了一个非常复杂且相互关联的关于世界的知识基础"（Catherwood，1999）。此外，幼儿知道得越多，越能熟练地从周围的资源中提取知识。幼儿让自己的探索更加深入，更具灵活性，并且他们也对学习的各种可能性保持着警觉。

　　三岁和四岁的幼儿所提出的问题也存在着差异。与学步儿常常条件反射地问"这是什么"不同，学前儿童会问"为什么"，这是一种更具反思性的提问。因为语言能力，特别是参与对话交流的能力在不断发展，学前儿童能提出更贴近环境的问题。他们会考虑自己所听到的（或看到的、感觉到的）内容，试图将这种观察整合到已经形成的关于类似物体或情境的心理结构中，然后努力协调这二者之间的差异。学前儿童可能会大声提问（"为什么下雪时会变冷？"）或自言自语（"我想知道胶带是否比胶水更好用，让我尝试一下。"）。他们利用可用的人和材料来帮助回答自己的问题。

　　在幼儿探索的过程中，为他们提供适合其年龄并能动手操作的资源非常重要。高瞻培训质量研究中心（Epstein，1993）发现，除了为幼儿提供计划和反思的机会，让幼儿获取多种材料也能够预测他们的早期发展。幼儿园提供的资源越多（印刷品、艺术材料、拼图、音乐、律动和戏剧道具、积木和其他建构玩具、沙和水），探索的时间越充足，幼儿在发展评估中的得分越高，特别是语言技能。根据安·S. 爱泼斯坦（Ann S. Epstein，1993）的说法，"语言受到材料的可得性及教师与幼儿的互动风格的积极影响。当幼儿谈论他们在活动中使用了什么材料以及如何使用时，语言技能会得到发展"（p.152）。

非高瞻以及高瞻课程模式的研究均支持这一发现。例如，一项由高瞻基金会在 10 个国家多个学前机构中所协调组织的国际研究发现，学前阶段开放式材料的可得性是预测幼儿 7 岁时认知和语言成绩的重要指标（Montie，Xiang，& Schweinhart，2006）。这些研究与大脑研究相一致，都表明"早期教育者的任务是促进幼儿的知识网络及语言表达能力进一步的连接和应用"（Catheiwood，1999，p.33）。

❖ 支持资源利用能力发展的教学策略

为帮助幼儿在探索和发现结论时使用各种材料和工具，教师可以采用以下策略。

提供能吸引幼儿所有感官的开放性材料和经验

当幼儿可以用多种方式（看、听、闻、触摸和品尝）来操作并体验教室中的材料时，幼儿更有可能探索和学习有意义的经验。封闭性材料，即只有一种"正确"使用方法的材料，只能提供有限的探索和发现的可能性。幼儿很快就会对它们失去兴趣。相反，开放性材料，即能够以多种方式使用的材料，可以持续吸引幼儿的注意力，并激发他们的想象力（关于开放性材料使用的案例，请参见下文的图片）。这类材料提供了许多操作和发现的机会，并且通常会产生意想不到的结果。例如，体验真正的黏土时，幼儿会惊讶地看到，黏土干燥时颜色会变浅，这与橡皮泥不同。这让他们真切地感受了另一种艺

橡皮泥可以用来捏字母或制作"虫子"。

积木可以用来创建模式或搭建一个跳舞、展示服装的舞台。

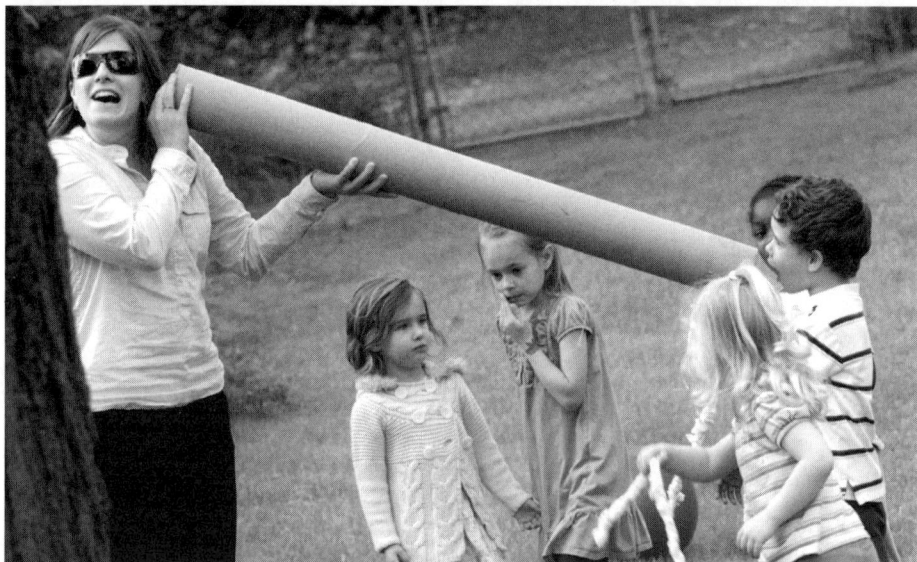

大型纸筒可以用作供小车通过的隧道，或作为"电话"传声。

术材料，并比较不同材料的含水量。

多样的材料和经验同样尊重了幼儿想要通过一种或多种特定感官学习的个性化偏好。正如气质差异可能体现在不同的情感风格中，幼儿也可以被不同感官或物体的不同功能特征所吸引。一些幼儿倾向于视觉学习，而其他幼儿则通过听觉或触觉体验吸收信息。大多数幼儿以不同的组合和不同的程度来使用这一系列感觉。主动学习的环境可以让幼儿在任何特定时间选择最适合他们的资源。更多使用能吸引所有感官的开放性材料的内容，请参阅《高瞻学前课程模式》的第 6 章（Epstein & Hohmann，2012）。

与幼儿谈论他们如何使用材料

脑科学的研究表明，在幼儿使用材料时与其进行交谈可以让幼儿进一步加工其当下的经历并反思正在学习的内容（有关回顾时间的更多信息，请参阅《高瞻学前课程模式》第 8 章，Epstein & Hohmann，2012）。用语言描述自己的行为和观察内容有助于幼儿建立神经联结，使得信息保存得更持久。因此，对成长来说，与幼儿讨论如下问题至关重要：他们选择了哪些物品和人员来帮助实现想法？他们如何运用这些资源来解决问题？他们观察到了哪些内容（再次观察，使用所有感官），得出了什么结论？如下面的对话所示。

幼儿：（正在用乐高积木搭建一系列的塔状物）我正在做很多的树。

教师：你正在用积木做树。

幼儿：我必须要做很多树。

教师：我想知道你要做多少棵树。

幼儿：我需要 7 棵，（指向每个积木堆，并计数）1、2、3、4。我有 4 棵。

教师：你做了 4 棵树。你会做更多的树吗？

幼儿：（看着积木堆中剩余的积木块）我必须做更多，直到做够 7 棵树。

尽管谈话能让幼儿在采取行动时更有目的，在得出结论时更有意图，但成人仍应该小心，不要太多谈论或介入他们的游戏。有时，幼儿只需要一段不被打扰的时间去自己探索和观察。因此，成人应当能够敏感地发现哪些时候他们的评论和问题不受欢迎。在这时，成人最好退后。成人可以简单地、安静地坐在幼儿旁边，通过观察他们正在做什么来表示你很感兴趣，并支持他们对手边资源的探索。稍后，当幼儿准备好分享他们所做的和他们观察到的东西时，幼儿会选择发起谈话。

鼓励幼儿使用多种资源回答自己的问题

早期儿童教育者更倾向于考虑他们是否可以向幼儿提问，以及可以问哪些类型的问题，而很少考虑幼儿可以向成人问些什么问题，以及幼儿会向他们自己提出哪些问题。然而，由于幼儿向成人或自己提出的这些问题源于幼儿的兴趣和观察，因此会给幼儿带来最有意义和最持久的领悟。所以，成人可以通过鼓励幼儿提问、帮助他们确定能够找到答案的资源来主动支持幼儿的早期学习。成人可能会进行评论，"我好奇它是如何发挥作用的"，以此来邀请幼儿试验材料并观察结果。即使在探索问题答案的早期，教师也可以简单地说"我想知道你将使用什么材料来找出答案"，然后鼓励幼儿环顾教室（或教师建议的地方），寻找适宜的资源。

在户外活动时间，乔纳森、萨拉和加思在争论谁的水桶里的水最多。他们每个人都看向自己的水桶，但水量是相似的，很难从这个角度看出来。"我想知道是否还有其他方法能够帮我们得出结论。"他们的老师说。"我们可以测量。"萨拉说。"怎么做呢？"教师问。经过一番讨论，幼儿要求老师帮忙用粉笔在水桶外面标出水位。教师把手指放在水位线上，每名幼儿沿着手指画一个点或一条线。萨拉的桶里水最多，其次是加思，然后是乔纳森。加思和乔纳森往他们的水桶里又加了点水，并用粉笔标记，直到"它们都一样多了"。

在幼儿使用材料时与其进行对话能够帮助幼儿体会并反思正在做的事情。

　　关于不同发展阶段的幼儿如何利用资源的案例，以及成人如何支持并适当扩展这一关键发展指标（KDI）的早期学习，请参阅下面"关键发展指标5.资源利用的鹰架思路"表。该表格提供了在幼儿园中您与幼儿游戏或互动时可以使用的策略。

处于发展后期的幼儿可能以合作的方式使用多种材料。图中的幼儿正在用橡皮泥、玩具炉子、真实的锅来做饭，他们将邀请同伴来品尝。

❖ 关键发展指标 5. 资源利用的鹰架思路

始终在幼儿现有的水平上提供支持，并适时地稍加扩展。

早　期	中　期	后　期
幼儿可能 • 探索个别材料的特性。 • 为了心中的某个目的使用 1—2 种材料（如，把两个纸巾筒粘到一起）。 • 询问简单的"是什么"的问题（如，"你把这个叫作什么？"）。	**幼儿可能** • 探索几种材料的特性和功能。 • 为了心中的某个目的组合几种材料（如，在一块布上系几根绳子，当作魔法斗篷）。 • 询问"为什么"和"怎么办"的问题（如，"为什么它需要水才能生长？""它是如何点亮的？"）。	**幼儿可能** • 探索、组合并比较多种材料。 • 以复杂的方式组合并合作使用多种材料（如，制作一辆有座位和轮子的公交车，并邀请他人乘坐）。 • 试图回答自己的问题（如，哪种胶带能够提起不同重量的物体）。
为支持幼儿当前的水平，成人可以 • 提供与幼儿兴趣相关的材料和工具。 • 描述幼儿正在用材料做什么，并鼓励幼儿也这样做。 • 为幼儿命名材料。	**为支持幼儿当前的水平，成人可以** • 标记并描述幼儿操作材料的行为。 • 询问幼儿他们计划在游戏中如何使用各种材料。 • 鼓励幼儿描述他们观察的事物。	**为支持幼儿当前的水平，成人可以** • 为教室添加材料以扩展幼儿的探索（如，关于艺术家或动物的工具书）。 • 评论幼儿在游戏中使用的不同材料和工具。 • 鼓励幼儿回答自己提出的问题。

续表

早　期	中　期	后　期
为提供适当的扩展，成人可以	**为提供适当的扩展，成人可以**	**为提供适当的扩展，成人可以**
• 提供组合材料的机会，或以新的方式使用熟悉的材料的机会。 • 询问幼儿是否有其他材料能够帮助他们实现计划。 • 鼓励幼儿把新发现和已有经验联系在一起。	• 鼓励幼儿以更多方式来探索材料（如，"我很好奇它闻起来是什么味道。"）。 • 鼓励幼儿解释材料如何帮助他们实现游戏的想法。 • 询问幼儿他们该怎样找到问题的答案。	• 请幼儿描述材料的相同点和不同点，包括外观、声音、气味、质地。如果可能，请幼儿描述材料的味道。 • 鼓励幼儿描述材料的特性如何帮助他们实现意图（如，"你怎么知道它们会粘在一起？"）。 • 提供资源，帮助幼儿用这些资源来回答自己的问题。

第 8 章

关键发展指标（KDI）6. 反思

A. 学习品质

6. 反思：幼儿对自己的经验进行反思。

描述：幼儿运用自己的经验得出关于人、材料、事件和想法的结论。幼儿在已经掌握的和正在操作与学习的内容之间建立了联系。

希拉问她的老师杰罗姆："为什么大卫今天不在？"杰罗姆回答说他不知道。然后希拉说："也许他病了。我生病时，我也不来学校。"

❖

幼儿们穿戴着外套、手套、帽子和靴子在雪中玩耍。"如果我感冒了，"法隆说，"我的奶奶迪伊会给我热巧克力，让我重新暖和起来。"

大多数早期教育实践者都意识到了培养幼儿记忆力的重要性。然而，"反思"不仅仅涉及记忆，或是对整个事件的"死记硬背"。反思是带着分析去记忆（Epstein，2003，p.29）。进行反思不仅仅是说出自己已经做了什么，它意味着思考自己的经验，以便更好地理解这个世界如何运行。当幼儿反思自己的行为时，他们"开始意识到自己在体验的过程中学到了什么，什么是有趣的，他们对此的感受是什么，以及他们如何建立或扩展经验"（p.29）。

❖ 反思能力是如何发展的

在幼儿园阶段，认知能力和语言的发展使幼儿越来越能够反思自己的所作所为。因为3—4岁幼儿已经开始建构关于物品、事件及互动的心理表象

（表征），他们能够运用这些信息进行回顾和预测。幼儿不再仅仅联系当时、当下。这种表征允许幼儿建立"如果—那么"的联系，幼儿能够思考"如果……会怎样"这种尚未真实发生的情境。语言同样可以帮助幼儿"编码"记忆中的已有经验，以便幼儿能够以口头语言为基础进行想象，并联系更广泛的可能性和解释。

正如幼儿逐渐发展的能力有助于反思一样，给予幼儿反思的机会也会反过来明显地促进其他领域的发展（Epstein，1993）。反思能力也是奠定幼儿日后学业成就的一个重要基础。就像做计划一样，反思是去情境化的语言（聚焦于非当下的事件），反过来它又与幼儿今后的阅读能力有关系（Dickinson & Smith，1994）。早期教育专家苏·布雷德坎普（Sue Bredekamp，2010，p.51）说："反思和分析经验……属于元认知的过程，即建立自我调节和执行功能的过程。"反思可以提高读写和数学能力（Bodrova & Leong，2007）。与死记硬背不同，反思让幼儿发现并运用潜在的原则，例如，掌握字母表的原则，即每个字母都有其独特的书写方式和读音，掌握之后，幼儿在每次遇到新的字母时都可以运用这一原则。更有效的学习方法是总结、提炼出这些原则，而不是每次都记忆针对特定情境的具体信息（即，不用每次都重新发现"m"有自己的读音，就像"k"有自己的读音一样）。

有时候，我们过分强调要保证幼儿有多样化的材料去操作，却忽略了同样重要的一点——幼儿需要思索各种想法。反思是一个更高级的叠加于物体、动作和互动之上的过程。科学教育者凯伦·沃斯和莎伦·格罗尔曼（Worth & Grollman，2003）指出，"操作材料的直接经验很重要，但是还不够。幼儿还需要反思他们的工作。幼儿需要分析自己的经验、思考模式和事物之间的关系、尝试新的理论、与他人交流。这些过程会使幼儿用一种全新的方式思考自己都做了什么，是怎么做的，以及对他们来说什么最重要"（p.5）。

❖ 支持幼儿反思的教学策略

除了日常的回顾时间，反思可以并且应该贯穿于整个机构的一日常规之中。以下教学策略将鼓励幼儿思考他们的经验，从生活中的物品、人员和事件中学到有意义的经验教训。欲知更多关于如何支持幼儿反思的策略，请参见《高瞻学前课程模式》（Epstein & Hohmann，2012）第 8 章中关于回顾时间的讨论。

在一日常规中安排好持续且一致的回顾时间

紧随清理时间之后的回顾时间如果能成为一日常规中的可预知环节，幼儿就会养成回顾和思考在工作时间内进行的活动的"习惯"。幼儿将回顾作为处理自己经验的一种方式。如果他们知道日程表上有回顾时间，便会有意识地记住某些事情，因为分享这些事情会很有趣。

在一日生活中的其他时间，成人也可以运用回顾型的问题进行评论，从而鼓励幼儿进行反思。例如，在小组活动时间，教师可以鼓励幼儿描述她是如何进行积木建构的（"让我看看你是如何让这一部分保持平衡的。"），这样可以帮助幼儿想象并再现她的行为。在工作时间，教师可以让幼儿简单回顾假装游戏的场景，教师可以扮演一个幼儿指派的角色（"所以我会扮演大姐姐，小弟弟会哭个不停。那你们已经试着为他做过什么了吗？"）。通过这些互动，幼儿会对自己在一日常规中每个环节的行为进行思考，接下来，他们会在回顾时间里更加具体地描述和反思自己的活动。

通过评论和提问鼓励幼儿反思

在先前策略的基础上，成人可以询问一些开放性问题，并分享自己观察到的那些可以促进反思的事情。问题如下。

- "这个故事还可以怎样结尾呢？"
- "如果……会怎样？"
- "你还可以怎么做？"

类似的问题会鼓励幼儿反思已经发生的事情，进而思考其他可能性，正如下面这则逸事所示。

卡洛斯把一根直木棍粘到了一块扁平的木块上，制作了一个拴恐龙的立柱。当他提起这根木棍时，木块掉了下来。卡洛斯加了更多胶水，但是木块还是掉下来。他手里拿着木块，对老师说："它太重了。""你找找有没有其他东西可以用？"老师说。卡洛斯环顾教室，然后从艺术区拿来了胶带。他在立柱上缠了几圈，说："看，这是超级胶带！它很黏，能够粘住它！"

另一种帮助幼儿提炼自己经验的方法是发表"我想知道它还可以用在其他什么地方"之类的评论。为了在前期经验与当前经验之间建立联系，成人可以提问："这让你想起了什么？"或者评论："我听到你在外面骑三轮车时发出了呜呜的声音。当你移动小车从坡道上滑下来时，又发出了同样的声音。"

幼儿会通过试误解决问题，然后逐渐发展出系统解决问题的能力（参见第 6 章）。不管幼儿处于哪种水平，成人都可以在幼儿下一次尝试前鼓励他们观察和描述自己行为的效果。和幼儿一起推测为什么某种解决方法有效或无效，并针对这个结果探讨还可以做什么尝试（"现在还是太短了，接下来你打算做些什么呢？"）。推荐幼儿向同伴寻求帮助，幼儿互相解释自己的解决方案同样可以促进彼此的反思（"琼妮特把她的材料粘在了一起，也许她可以告诉你她是怎么做的。"）。当幼儿受邀展示和描述他们的行为时，他们不得不思考自己做了什么，这样才能和其他人进行交流。

在幼儿身边以同伴的身份进行游戏可以创造机会开展这类对话。例如，如果教师模仿一名幼儿，他可以说："让我看看（告诉我）应如何搭建一个你

为了在前期经验与当前经验之间建立联系，这名教师评论道："我看到你在上一次拼图时先拼了边角，在这个拼图里，你在拼中间部分之前，也是先拼了边和角。"

这样的作品。"尤其是对于那些刚刚开始学习回顾的稍小幼儿，在他们做事的过程中帮助其反思是为他们搭建了一个舞台，让他们能够在一段时间过后再次回忆起已经遗忘的某些事情。随着类似练习的增多以及幼儿认知能力的发展，幼儿会明显进步，逐渐能够回忆起在久远的过去发生的事情。

使用照片和纪念品帮助幼儿回忆并反思经验

"一图胜千言"，这句话的意思是一张图像可以唤起它背后的整个故事。一系列的照片不仅能帮助幼儿回忆起事情发生的顺序，而且可以强化"如果——那么"的假设性联系。例如，幼儿用积木搭建建筑的照片不仅可以帮助他们回忆起一系列的步骤，同时也可以让幼儿明白，为什么一开始决定做一个宽大的底座会导致之后每一层都需要更多的积木。

同样，一件物品代表一个事件，比如实地考察时带回来的一些物品会唤起人们关于那个情境下的事件、人员和行为的回忆。在下面这则逸事中，幼儿使用明信片上的图像来反思他们在博物馆中看到的艺术作品的意义。

去艺术博物馆实地参观之后的第二天，幼儿看着他们从礼品商店买回来的明信片。一名幼儿仔细看着一幅色调灰暗的画说："这幅画是灰色的，因为画家在创作这幅画时很伤心。"另一名幼儿仔细检查着一个庞大的人物金属雕像，并评论说："这个太高了，你看不到它的眼睛。它很恐怖，像一个怪物。"第三名幼儿，没有反思他在博物馆看到的作品和度过的时光，而是想起了在博物馆咖啡厅里的一场风波："汤米把他的果汁洒到我的鞋上了。"这名幼儿回忆道。

关于不同发展阶段的幼儿如何进行反思，以及成人应该如何支持这一关键发展指标（KDI）的案例，请参见下面的"关键发展指标 6. 反思的鹰架思路"表。除了前面细致描述的内容，你还可以在与幼儿游戏和互动时使用表格中的思路来支持并适当扩展幼儿的反思能力。

❖ 关键发展指标 6. 反思的鹰架思路

始终在幼儿现有的水平上提供支持，并适时地稍加扩展。

早 期	中 期	后 期
幼儿可能	**幼儿可能**	**幼儿可能**
• 向你指出或展示他们玩过的东西。 • 回忆起他们使用过的一份材料或做过的一件事（如，"电脑"或"我玩了船"）。 • 讲述一些他们做过的与当前事件联系密切的事情（如，说一说他们在工作时间做的最后一件事）。	• 回忆起他们做过的一件事，并带有一些细节（如，"我用黏土做了一只有眼睛的狗。"）。 • 联系到相关的经验（如，一名幼儿在描述一次家庭露营旅行时，说："我们在假期时也去露营了。"）。 • 把在工作时间所做的事情和他们最初的计划联系在一起。	• 详细地回忆并描述一件或更多件他们所做的事情（如，"这个白色的胶带断了，所以我们用了黑色的胶带，把毯子固定在桌子上，做成我们的山洞。"）。 • 说出一段经历与已有经历相比，哪些是一样的和（或）哪些是不一样的（如，"当我们去露营时，我们睡在帐篷里，不是房车里。"）。 • 基于前期经验来行动（如，穿上罩衫，因为上一次他们的衣服被弄湿了）。
为支持幼儿当前的水平，成人可以	**为支持幼儿当前的水平，成人可以**	**为支持幼儿当前的水平，成人可以**
• 询问幼儿还玩了什么材料。 • 重述并补充幼儿所说的句子（如，"你用积木搭建了一艘船。"）。 • 为幼儿所说的话增加时间框架（如，"在清理时间之前，你最后玩的是乐高。"）。	• 增加一些成人所观察到的关于幼儿在工作时间的活动细节。 • 当幼儿意识到他们的经验的相似之处时，表示认可。 • 当幼儿回忆他们在工作时间的活动时，提醒幼儿他们最初的计划内容（如，展示一下他们画了什么，重复一遍他们说过的话）。	• 请幼儿展示他们已经做过的事情，并解释他们是如何做到的。 • 询问他们两段经历中还有什么相同和不同之处。 • 描述幼儿过去的经验和他们当前活动之间的联系。

早 期	中 期	后 期
为提供适当的扩展，成人可以 •让幼儿描述他们用自己指向的材料做了什么。 •询问幼儿关于这个经验他还记得什么（如，"你用积木做了其他东西吗?"）。 •鼓励幼儿回忆他们在最近这个活动之前做了什么（如，"帮我想想，在你把娃娃哄睡之前，你还做了什么?"）。	**为提供适当的扩展，成人可以** •鼓励幼儿在描述他们所做的事情时再补充一些细节（如，"你是怎么做出小狗眼睛的?"）。 •鼓励幼儿描述更多其经历的相似之处（如，"跟我说说你们的睡袋。"）。 •鼓励幼儿分享他们工作时间完成活动的顺序。	**为提供适当的扩展，成人可以** •增加词汇来详细说明幼儿的描述（如，"所以电器技师的胶带更坚固。"）。 •提出疑问，什么会使一件物品或一个事件再次出现时有所不同（如，"如果下雨了呢?"）。 •询问幼儿为什么他们觉得有些事情会是一样的结果（如，"你还会担心你的衣服再次被弄湿吗?"）。

◈◈◈ 总结：学习品质的策略 ◈◈◈

学习品质的一般性教学策略

· 创设让幼儿有多种选择的物质环境，支持幼儿对材料、行为、观念和关系进行探索。

· 建立一日常规，允许幼儿表达多种学习风格与偏好。

· 给幼儿时间，让他们用自己的方式进行学习。

支持主动性的教学策略

· 关注付出的努力而非结果。

· 在幼儿尝试新鲜事物时进行认可。

· 平衡环境中的自由与结构。

· 鼓励幼儿主动参与成人发起的活动。

支持计划性的教学策略

· 在一日常规中设置持续且一致的计划时间。

· 在全天活动中提供有意图地进行选择的机会。

· 对幼儿的选择和决定表现出兴趣。

支持专注性的教学策略

· 提供能保持幼儿兴趣的材料和活动。

· 给幼儿充分的时间以实现其意图。

· 最大限度地减少干扰与过渡。

支持问题解决的教学策略

· 鼓励幼儿描述遇到的问题。

· 让幼儿有时间想出自己的解决方案。

· 与幼儿谈论哪种措施有效，哪种无效。

· 帮助遭受挫折的幼儿。

支持资源利用的教学策略

· 提供能吸引幼儿所有感官的开放性材料和经验。

· 与幼儿谈论他们如何使用材料。

· 鼓励幼儿使用多种资源回答自己的问题。

支持幼儿反思的教学策略

· 在一日常规中安排好持续且一致的回顾时间。

· 通过评论和提问鼓励幼儿反思。

· 使用照片和纪念品帮助幼儿回忆并反思经验。

参考文献

Alexander, K. L., Entwistle, D. R., & Dauber, S. L. (1993). First-grade classroom behavior: Its short- and long-term consequences for school performance. *Child Development, 64*, 801-815. doi:10.2307/1131219

Bodrova, E., & Leong, D. (2007). *Tools of the mind: The Vygotskian approach to early childhood education* (2nd ed.). New York, NY: Prentice Hall.

Bredekamp, S. (2010). Learning and cognitive development. In V. Washington & J. D. Andrews (Eds.), *Children of 2020: Creating a better tomorrow.* Washington, DC: Council for Professional Recognition.

Catherwood, D. (1999). New views on the young brain: Offerings from developmental psychology to early childhood education. *Contemporary Issues in Early Childhood Education, 7*(1), 23-35.

Chess, S., & Alexander, T. (1996). Temperament. In M. Lewis (Ed.), *Child and adolescent psychiatry:A comprehensive textbook* (2nd ed., pp. 170-181). Baltimore, MD: Williams & Wilkins.

Cooper-Kahn, J., & Dietzel, L. (2008). *Late, lost, and unprepared.* Bethesda, MD: Woodbine House.

Dickinson, D. K., & Smith, M. W. (1994). Long-term effects of preschool teachers' book reading on low-income children's vocabulary and story comprehension. *Reading Research Quarterly, 29*(2), 105-122.

Dowling, J. L., & Mitchell, T. C. (2007). *I belong: Active learning for children with special needs.* Ypsilanti, MI: HighScope Press.

Duncan, G. J., Claessens, A., & Engel, M. (2005, April).The contributions of hard skills and socioemotional behavior to school readiness in ECLS-K. In G. Duncan (Chair), *Hard skills and socioemotional behavior at school entry: What matters most for subsequent achievement?* Symposium conducted at the Biennial Meeting of the Society for Research in Child Development, Atlanta, GA.

Dweck, C. S. (2002). The development of ability conceptions. In A. Wigfield. & J. S. Eccles (Eds.), *Development of achievement motivation* (pp. 57-90). San Diego, CA: Academic Press.

Elias, M. J., Zins, J. E., Weissberg, K. S., Frey, M. T., Greenberg, N. M., Kessler, R.,... Shriver, T. P. (1997). Promoting social and emotional learning: *Guidelines for educators.* Alexandria, VA: Association for Supervision and Curriculum Development.

Epstein, A. S. (1993). *Training for quality: Improving early childhood programs through systematic inservice training.* Ypsilanti, MI: HighScope Press.

Epstein, A. S. (2003). How planning and reflection develop young children's thinking skills. *Young Children*, 58(5), 28-36.

Epstein, A. S., & Hohmann, M. (2012), *The HighScope Preschool Curriculum*, Ypsilanti, MI: HighScope Press.

Fantuzzo, J. W., Perry, M. A., & McDermott, P. (2004). Preschool approaches to learning and their relationship to other relevant classroom competencies for low- income children. *School Psychology Quarterly*, 19(5), 212-230. doi:10.1521/scpq,19.3.212.40276

Flavell, J. H., Miller, P. H., & Miller, S. A. (2001). *Cognitive development* (4th ed.). New York, NY: Prentice Hall.

Gardner, H. (1983/2003). *Frames of mind: The theory of multiple intelligences.* New York, NY: Basic Books.

Hyson, M. (2008). *Enthusiastic and engaged learners: Approaches to learning in the early childhood classroom.* New York, NY: Teachers College Press and Washington, DC: National Association for the Education of Young Children.

Kagan, J. (2005). Temperament and the reactions to unfamiliarity. In M. Gauvain & M. Cole. (Eds.), *Readings on the development of children* (4th ed., pp. 73-78). New York, NY: Worth.

Kagan, S. L., Moore, E., & Bredekamp, S. (Eds.). (1995, June). *Reconsidering children's early development and learning: Toward common views and vocabulary* (Goal 1 Technical Planning Group Report 95-03). Washington, DC: National Education Goals Panel.

Katz, L. (1993). *Dispositions, definitions, and implications for early childhood practice.* Champaign, IL: ERIC Clearing House on Elementary and Early Childhood Education.

Katz, L., & McClellan, D. (1997). *Fostering children's social competence: The teacher's role.* Washington, DC: National Association for the Education of Young Children.

Li-Grining, C., Maldonado-Carreño, C., Votruba-Drzal, E., & Haas, K. (2010). Children's early approaches to learning and academic trajectories through fifth grade. *Developmental Psychology*, 46(5), 1062-1077.

Montie, J. E., Xiang, 2., & Schweinhart, L. J. (2006). Preschool experience in 10 countries: Cognitive and language performance at age 7. *Early Childhood Research Quarterly*, 21(3), 313-331. doi: 10.1016/j. ecresq.2006.07.007

National Research Council. (2001). *Eager to learn: Educating our preschoolers.* Washington, DC: National Academies Press.

Rothbart, M. K., Sheese, B. E., & Posner, M. (2007). Executive function and effortful control: Linking temperament, brain networks, and genes. *Child Development Perspectives*, 1(1), 2-7.

Shore, R. (2003). *Rethinking the brain: New insights into early development* (Rev. ed.). New York, NY: Families and Work Institute.

Stipek, D. (2002). *Motivation to learn: Integrating theory and practice* (4th ed.). Boston, MA: Allyn & Bacon.

Thompson, R. A. (2002). The roots of school readiness in social and emotional development. *The Kauffman Early Education Exchange*, 1, 8-29.

US Department of Health and Human Services, Administration for Children and Families, Head Start Bureau. (2002, October). *Program Performance Standards and other regulations*. Washington, DC:US Government Printing Office.

Worth, K., & Grollman, S. (2003). *Worms, shadows, and whirlpools: Science in the early childhood classroom*. Portsmouth, NIT: Heinemann and Washington, DC: National Association for the Education of Young Children.

Zelazo, P. D., Muller, U., Frye, D., & Marcovitch, S. (2003). The development of executive function. *Monographs of the Society for Research in Child Development*, 68(3), Serial No. 274.

后　记

　　《3—6岁儿童学习与发展指南》（以下简称《指南》）明确要求我们要"重视幼儿的学习品质"，"幼儿在活动过程中表现出的积极态度和良好行为倾向是终身学习与发展所必需的宝贵品质"。《指南》还告诉我们，"要充分尊重和保护幼儿的好奇心和学习兴趣，帮助幼儿逐步养成积极主动、认真专注、不怕困难、敢于探究和尝试、乐于想象和创造等良好学习品质"。《指南》还特别告诫我们，"忽视幼儿学习品质培养，单纯追求知识技能学习的做法是短视而有害的"。同时，《指南》关于促进幼儿学习品质发展的价值取向贯穿于五大领域的各个领域。以科学领域为例，在教育建议中明确指出，要"经常带幼儿接触大自然，激发其好奇心与探究欲望"，"支持和鼓励幼儿在探究的过程中积极动手动脑寻找答案或解决问题"，强调了对幼儿好奇心的保护、主动性的培养；以艺术领域为例，"幼儿艺术领域学习的关键在于充分创造条件和机会，在大自然和社会文化生活中萌发幼儿对美的感受和体验，丰富其想象力和创造力，引导幼儿学会用心灵去感受和发现美，用自己的方式去表现和创造美"，明确强调了培养幼儿想象力与创造力的重要意义。

　　在进行《指南》的深度学习和研究过程中，在全面贯彻落实《指南》的落地操作和实际推进中，我们尝试寻找符合我国《指南》的价值取向且具有实际操作性的可借鉴资料。在面向世界寻寻觅觅的过程中，我们将目光聚焦在了高瞻课程模式和高瞻课程模式中的《学习品质：关键发展指标与支持性教学策略》一书——它与《指南》中强调的关于学习品质的价值取向相一致，更重要的是，它的具体内容是对《指南》说明部分思想的细化与可操作化。它提供了关于幼儿学习品质发展的一些重要研究文献，总结了幼儿掌握知识和技能的基本原则，描述了学习品质的基本教学策略，提供了学习品质领域关键发展指标（KDIs）的总览。与此同时，它用 6 章分别描述了学习品质的 6 项关键发展指标的定义和典型行为表现，及每一关键发展指标的详细教学策略。更为重要的是，在这 6 章中每一章的最后，提供了让我们一目了然又直接受益的鹰架思路表，即以鹰架方式促进上述 6 项关键发展指标学习与发展的主要思路。该鹰架思路表不仅可以帮助我们识别幼儿在早期、中期和后期不同发展阶段所达到的水平，不仅能够通过引入更高水平的挑战以鹰架方式支持幼儿在最近发展区学习和发展，而且可以帮助我们识别并选择相应的具体教学策略，以便在幼儿发展的早期、中期和后期的每个阶段有效支持并适当拓展幼儿的各项关键发展指标。

我们认识到，"学习品质"是高瞻课程内容的一个重要领域，其本身存在的内在与外在价值是不可估量的，不仅对于幼儿在学龄前阶段的学习与发展有着举足轻重的意义，而且对于幼儿的终身学习与发展有着举足轻重的作用，同时，它还关乎幼儿园教师的专业发展和学前教育质量的切实提升，对于整个学前教育事业的改革与发展也有着重要意义。从这个意义上，我们的研究团队十分重视本书的译介，在一次次追求翻译的三重境界"信、达、雅"的同时，以学术"研"和"究"的态度不断"格物致知"，以鹰架思路不断支持各位译者，也请各位译者以鹰架思路相互支持。具体来说，由我带领的硕博翻译团队在通读全文的基础上，第一，先进行了目录和关键术语的翻译，并请各位译者不断质疑和讨论。第二，在完成翻译初稿后，请每本书的几位译者交替再译、相互讨论并校正。第三，请几位译者中"自己走出来"的优秀译者作为组长，对书稿进行全文细改、细核，并形成新的译稿。第四，请几位组长中"自己走出来"的优秀组长设计并组织"质量示范和质量检核"——在对每本书的关键译法进行示范的同时，所有译者全员参与并全面检核各译稿质量，之后针对质量较高的书稿继续采用鹰架思路推进其"更上一层楼"，并针对质量较弱的书稿启动全面重译工作，由新的具有积极学习品质的高水平研究者担当组长，负责书稿的全面修订甚至重新翻译。第五，对所有译稿中的关键发展指标进行系统核改。各组长走出自己负责的领域，组成"指标"完善小组。小组成员基于前期翻译经验，以跨领域的、更为整合的视角，对丛书中的关键发展指标进行全面核查，形成关于指标的翻译参照表格，并据此对全书的相关内容进行替换。第六，整合所有译稿中关于"教师支持策略"的翻译，制作系统表格，并进行全面、系统、多轮次的修订、重译和完善，请各组长全面替换原稿中"教师支持策略"一般支持策略和具体支持策略的译法——即便原稿中译法正确而只是说法不同，并对相关内文进行修改完善。第七，请各组长再次对照原文通读译稿，在务必保证翻译准确性的基础上，调整部分翻译语言，使其不仅保持了"原汁"，而且更加符合中文语境和阅读习惯，使译文更加地道的同时增添了更易于被广大学前教育界同人理解和接受的"新味"。第八，"行百里者半九十"，在即将完稿时，再次整理出详细的翻译注意事项，既作为我们再一次深入修订的具体依据，也是我们对整个翻译历程的回顾和反思。在这一轮修订中，我们参照这些注意事项，着重强调了句子中连词所代表的逻辑关系。只有我们译者思路清晰，准确地呈现了句与句、词与词的关系，才能将此书的真样貌准确地展现给大家。这一次的修订也为团队今后的学习和研究提供了示范——要永葆做学问的"匠人之心"，既有"雄关漫道真如铁，而今迈步从头越"的零起点意识和态度，又有实际可操作的具体抓手，更有"路漫漫其修远兮，吾将上下而求索"的研究者精神和追求。

　　从这个意义上，本书追求"信、达、雅"三境界的努力过程，追求切实服务于幼儿园教师专业发展的现实态度，追求切实服务于学前儿童看护者科学育儿的实际目标，追求切实服务于学前儿童学习与发展的根本目的，追求切实服务于学前教育质量提升的专业责任，让我们又一次经历了王国维的读书做学问的三境界说："古今之成大事业、大学问者，必经过三种之境界。'昨夜西风凋碧树，独上高楼，望尽天涯路'，此第一境也；'衣带渐宽终不悔，为伊消得人憔悴'，此第二境也；'众里寻他千百度，蓦然回首，那人却在，灯火阑珊处'，此第三境也。""第一境界"形容学海无涯，只有勇于登高望远者才能寻找到自己要达到的目标，只有不畏孤独寂寞，才能探索有成。"第二境界"比喻为了寻求真理或追求自己的理想，废寝忘食，夜以继日，不屈不挠，就是累瘦了也不觉得后悔。"第三境界"说的是做学问、成事业者，要有专注的精神，要有静下心、沉下性的钻研精神，反复追寻、研究，下足功夫，自然会豁然贯通，有所发现，有所发明，有所成就。回首我们的翻译历程，若非曾经"独上高楼"远望"天涯路"，又怎能"为伊憔悴"而"衣带渐宽"呢？如非"终不悔"地苦苦追索，又怎能获得今日完稿之时"灯火阑珊处"的喜悦心情呢？洞悉学术人生或学问之路，所有最后的大小成功无非都经历三个过程：有了目标，欲追求之；追求的过程中有所羁绊，坚持不放弃，欲攻破之；成败关键时刻，一次次咬牙挺过，喜获丰收。笔者认为，本书的翻译也是培养人的过程，凡硕博学生都可以从容地进入第二境界，但要想逾越它却不是那么简单。走完全程的硕士、博士果敢坚忍，不屈不挠，这些品质推动了他们的不断成长。他们逾越的不仅仅是人生的境界，更是他们自我学术追求的一个个极限。我有幸的是，以"伙伴"的身份为这些学术人才提供过"积极学习品质""鹰架"等小小抓手。译稿完成后回望来路，也越来越想另解王国维这三重境界的意蕴：看山是山，看水是水；看山不是山，看水不是水；看山还是山，看水还是水。

本书是研究团队共同努力的结晶，在翻译过程中，李金负责第1—7章，刘璐负责第8章。初稿完成后，感谢刘睿文、刘祎玮、谷虹对本书进行了具体段落的细致校对。另有黄双、王冰虹、赵一璇、刘凌云、陈南希等人参与了本书的翻译质量检查工作。之后，由李冰伊对全稿进行了认真系统的全面审校和细致修改。在进行了翻译注意事项的梳理和整合后，再次由译者李金和刘璐对全书通稿进行确认，并替换相关关键发展指标的翻译与描述、替换教师支持策略的最终译稿。最后，本书由刘睿文、幼教实践工作者李于织、主要译者李金进行完善。特别感谢李于织，她是一名具有海外学习经历和多年工作经验的幼教实践者，也是一名国际幼儿园管理者，她从团队建设、教师专业发展的视角阅读此书，确认了此书的翻译质量及价值；特别感谢本书的主要译者李金和刘璐，她们是我已经毕业的硕士研究生，在进入工作岗位后仍然能够以良好的学术研究态度对待本书的翻译工作；特别感谢刘睿文和黄双，她们是我的准博士研究生，在本书的翻译校对过程中，她们对本书的修订完善、部分重译发挥了主体作用，她们已经表现出了突出的学术研究品质和学术研究潜质；特别感谢李冰伊，她的英文功底和翻译经验是译稿质量的有力保障。还要特别感谢本译丛的主要负责人，也是迄今为止我最为年轻的合作伙伴李金、刘祎玮和何淼，她们自始至终主要负责各自的学术翻译和学术研究，也自始至终地协助我对本丛书中每本书进行一轮轮的"鹰架"布设和实际执行——她们都是我的硕士研究生，是 20 岁出头的年轻人，但她们主动性的学习品质、合作性的行动品质、创造性的思维品质让我受益良多，也让整个翻译团队能够百折不挠地持续前行，同时也为学前教育质量的提升贡献自己的力量。她们和她们所代表的年轻人是早上八九点钟的太阳，我们学前教育事业改革和发展的希望寄托在她们身上。

付梓出版之际，还要特别感谢教育科学出版社的领导和老师们，特别感谢教育科学出版社学前教育分社的白爱宝社长、孙冬梅老师、王春华老师为此书提供的支持和付出的心血。

希望这本书能够引发与我们一样的学前教育研究者、工作者的思考与重视，将幼儿的学习品质作为重要的研究领域来看待，为提升我国学前儿童的学习品质做出长期的努力！

霍力岩

2017 年 9 月 28 日

于北京师范大学

出 版 人 李 东
策划编辑 孙冬梅
责任编辑 孙冬梅
版式设计 宗沅书装 沈晓萌
责任校对 贾静芳
责任印制 叶小峰

图书在版编目（CIP）数据

学习品质：关键发展指标与支持性教学策略 ／（美）安·S. 爱泼斯坦（Ann S. Epstein）著；霍力岩等译. —北京：教育科学出版社，2018.9（2024.8 重印）
（高瞻课程的理论与实践）
ISBN 978-7-5191-1650-7

Ⅰ. ①学⋯ Ⅱ. ①安⋯ ②霍⋯ Ⅲ. ①幼儿教育—研究 Ⅳ. ① G61

中国版本图书馆 CIP 数据核字（2018）第 178307 号

北京市版权局著作权合同登记 图字：01-2017-2208 号

高瞻课程的理论与实践
学习品质：关键发展指标与支持性教学策略
XUEXI PINZHI：GUANJIAN FAZHAN ZHIBIAO YU ZHICHIXING JIAOXUE CELÜE

出版发行	教育科学出版社				
社　　址	北京·朝阳区安慧北里安园甲 9 号	市场部电话	010-64989572		
邮　　编	100101	编辑部电话	010-64989395		
传　　真	010-64891796	网　　址	http://www.esph.com.cn		
经　　销	各地新华书店				
制　　作	宗沅书装				
印　　刷	保定市中画美凯印刷有限公司				
开　　本	720 毫米 ×1020 毫米　1/16	版　　次	2018 年 9 月第 1 版		
印　　张	10	印　　次	2024 年 8 月第 7 次印刷		
字　　数	156 千	定　　价	41.00 元		

如有印装质量问题，请到所购图书销售部门联系调换。